Teresinha Mª Mocellin

Ensino Religioso

HISTÓRIA – INTERPRETAÇÃO – PERSPECTIVAS

2023

70

ENSINO RELIGIOSO
HISTÓRIA, INTERPRETAÇÃO E PERSPECTIVAS

AUTORA: Teresinha Mª Mocellin

DIRETOR DA ALMEDINA BRASIL: Rodrigo Mentz
EDITOR: Marco Pace
EDITOR DE DESENVOLVIMENTO: Rafael Lima
ASSISTENTES EDITORIAIS: Larissa Nogueira e Letícia Gabriella Batista
ESTAGIÁRIA DE PRODUÇÃO: Laura Roberti

DIRETOR EDITORIAL: Milton Meira do Nascimento
COORDENAÇÃO EDITORIAL: Claudenir Módolo
PROJETO GRÁFICO ORIGINAL: José Dionei da Silva, Teresinha Maria Mocellin e Kalima Editores
FINALIZAÇÃO: Roberta Bassanetto

ISBN: 9786554270786
Maio, 2023

Dados Internacionais de Catalogação na Publicação (CIP)
(Câmara Brasileira do Livro, SP, Brasil)

Mocellin, Teresinha Mª
Ensino religioso: história, interpretação e perspectivas / Teresinha Mª Mocellin. -- 2. ed. --
São Paulo: Edições 70, 2023.
ISBN 978-65-5427-078-6
1. Ensino religioso 2. Professoras - Formação
I. Título.

23-148915 CDD-371.07

Índices para catálogo sistemático:

1. Ensino religioso : Educação 371.07
Eliane de Freitas Leite - Bibliotecária - CRB 8/8415

Este livro segue as regras do novo Acordo Ortográfico da Língua Portuguesa (1990).

EDITORA: Almedina Brasil
Rua José Maria Lisboa, 860, Conj.131 e 132, Jardim Paulista
01423-001 São Paulo | Brasil
www.almedina.com.br

SUMÁRIO

APRESENTAÇÃO

O livro da autora Terezinha Mª. Mocellin, que aqui apresentamos, traz como título "Ensino Religioso". Em sua proposta, este livro se mostra como um caminho de localização, contextualização e interpretação do tema em questão, e é aí que se encontra a sua pertinência. Trazer à discussão o tema do Ensino Religioso, é se debruçar sobre uma temática bastante rica e complexa, na atenção para o fato de que a construção de sua abordagem passou por mudanças no percurso da história da educação no Brasil, bem como naquilo em que se aproximava e nos pontos em que se distanciava do que se entendia por evangelização. Se olharmos para um período recente, podemos perceber uma realidade que ainda merece diálogo e aprofundamento. A própria expressão "mal-estar", colocada no decorrer do livro, nasce de uma recepção que se faz da obra de Zygmunt Bauman, que trata do mal-estar da pós-modernidade e, dentro deste contexto, o enfoque dado por ele à sociedade e à religião. Pensadores como Bauman, Taylor e Berger acreditavam, de início, que o avanço da modernidade e o crescimento da secularização trariam um deslocamento da religião para um espaço mais periférico, o que levaria a uma perda da sua relevância na sociedade. O passar dos anos mostrou totalmente o contrário, uma posição admitida pelos próprios autores em escritos tardios.

De fato, a religião passa por uma transformação dentro do contexto moderno e pós-moderno, digamos assim, mas esta mudança não faz com que ela desapareça ou ocupe um espaço de menor importância. A mudança que se vê é que a religião aparece numa nova roupagem, em um novo tempo ou estilo, numa abrangência de elementos históricos e culturais que se transformam, e isso tudo, em condições que nos obrigam a uma interpretação mais detalhada deste fenômeno, seja no aspecto antropológico, político, sociocultural, religioso ou teológico. A religião faz parte do existir humano e, assim, caracteriza o nosso modo de ser e a forma como nós nos expressamos, bem como a maneira como nos relacionamos. Ela marca a nossa sociedade e essa posição está além da condição de crer e do não crer, está além daquilo que se caracteriza como dado religioso ou de tradição e/ou estrutura religiosa. Tudo isso, em poucas palavras, para mostrar que o tema da religião, com todas as suas abrangências, necessita ser tratado com profundidade e deve ser colocado em contato com outras áreas do saber, ele deve ser debatido e interpretado. Mesmo que o sentir religioso tenha um dado particular e privado, no modo de ser e crer da própria pessoa, da forma como ela se expressa religiosamente, a partir de uma experiência de fé e/ou de crença, a relação deste tema alcança uma esfera pública e necessita ser localizada, contextualizada e refletida, como este livro propõe fazer. É o que toca especificamente o tema do ensino religioso e o modo como este tema se desenvolveu na história e colonização brasileiras.

Neste livro, o ensino religioso é tratado em três momentos: primeiro, no período colonial e na catequização dos povos originários, dos negros e da população em geral, chegando ao período da República, quando se tem a separação entre Igreja e Estado e uma mudança na concepção do papel da Igreja (Católica) na construção da sociedade. Não se tem ali o ensino religioso em si, da forma como compreendemos hoje, mas o detalhamento do processo de colonização e da dominação imposta pela religião/Igreja, também no papel das escolas e nas circunstâncias da cristandade. É importante observar a negação das identidades originárias (negros e indígenas) para o construir de uma nova percepção cristã e católica, imposta ao Brasil-Colônia. Também na República, ainda que com outros contextos, esta visão se faz presente. Depois, o livro vai tratar o tema em período recente, já como ensino religioso em si, nas variações existentes, nas diversas abordagens e modo de se apresentar a proposta nas escolas públicas e privadas, que é onde vai entrar a questão do mal-estar, trazida na problematização deste livro. Esta é uma fase importante da pesquisa, pois se constata em dados empíricos, por entrevistas e gráficos que ajudam a situar o tema e os desafios existentes. Por fim, o livro traz a legislação, com avanços no que tange à proposta do ensino religioso, mas também a desafios que precisam ser superados.

Como dissemos, é um tema amplo, complexo e de um debate e construção contínuos. Nos últimos anos, muitas mudanças aconteceram, tanto em âmbito do entendimento do ensino religioso em si, o espaço escolar, um novo entendimento da pluralidade e da diversidade religiosa, o aspecto inclusivo da educação, outras e novas percepções culturais, pensamentos decoloniais e novas chaves de interpretação, como também na formação de professores, sobretudo pela regulamentação de cursos de licenciatura em Ciências da Religião, em nível federal, em 2018. É o que nos garante a riqueza do trabalho apresentado neste livro, por uma pesquisa sólida, em que a percepção do tema está no construir desta história, demonstrando que a relação entre educação e religião sempre se fez presente no Brasil e que o aprofundar desta questão é uma tarefa urgente e necessária para se pensarem passos futuros. Levando em consideração os estudos do texto, os elementos empíricos detalhados, a pesquisa que aqui é oferecida se torna um ponto obrigatório para quem quer avançar no horizonte desta questão.

Hoje, estamos numa sociedade marcadamente plural e o pluralismo deve ser entendido como um dom e não como um mal, pois podemos aprender a ser com o outro, a construir juntos, a ampliar laços e fazer com que a beleza da humanidade aconteça. É evidente que acolher deste dado não é, em si, uma tarefa fácil; uma vez que requer abertura, entendimentos e desprendimentos, requer alteridade e nova postura, contudo, é algo que se faz necessário para o viver em sociedade, no olhar à dignidade de cada pessoa e na busca do bem comum. Se partimos da percepção desta pluralidade, toda e qualquer tentativa de negar este dado, ou de querer impor uma única visão de mundo e de sociedade traduz-se em violência e deve ser questionada. É aí, vejo eu, que entra a importância do ensino religioso e da abertura que se tem para esta temática, capaz de propiciar aos educandos a experiência de conviver com a diversidade e a pluralidade, em espaços dispostos a produzir respeito e empatia, razão e liberdade, emoção e compromisso com o bem-estar da sociedade, inter-relação e paz. E isso em ambiente escolar, onde o tema da religião e sua diversidade/pluralidade é apresentado como um saber, como uma experiência humana e social que propicia uma nova condição de nossa sociedade, marcada pelo respeito e pela liberdade. É onde entram os desafios trazidos pela autora Teresinha Mª Mocellin, pois o tema religião ou o próprio conceito de ensino religioso é marcado por uma relação tensa, pois, historicamente, foi usado na intenção de garantir espaços de dominação e não de favorecer processos de liberdade, na linha do doutrinar/catequizar e não do educar, do impor e não no de propor diálogo e interação. Os tempos recentes já trazem outra perspectiva, valorizando cada vez mais o educar e o espaço de cada pessoa. Todavia, os traços históricos e os novos movimentos político-religiosos que se veem hoje em dia se traduzem como desafios que devem ser enfrentados e observados com atenção. Acredito que, só a interação do ensino religioso com as outras esferas do saber pode retirar este mal-estar, no perceber que a escola é um espaço de socialização e não de catequização.

Dentro do atual contexto, as Igrejas e as religiões em geral possuem uma importância e devem contribuir na defesa da vida e da liberdade, na defesa da laicidade e da democracia, dos direitos humanos e sociais, em vista de uma nova sociedade, marcada pela paz. É o que propõe, por exemplo, o Papa Francisco, na Encíclica *Fratelli Tutti* (2020), ao enfatizar a fraternidade e a amizade social. O apelo de Francisco é para todos, para todas as religiões, para todas as pessoas de boa vontade, dispostas a construir um novo mundo.

O livro busca este ideal, quer tratar a religião no âmbito da educação e pela educação oferecer vida, respeito e liberdade. O livro nos traz a história de um caminho que foi percorrido, cujo conhecimento de cada passo é fundamental. Porém, ele abre perspectivas, ele é convidativo, ele traz esperança. O mal-estar só existe quando há fechamento. A proposta do livro é de abertura, visa entender, superar e quer encontrar caminhos. Este é um percurso para fazermos todos, todos juntos.

Uma boa leitura!

Cesar Kuzma

Doutor em Teologia e Professor do Departamento de Teologia da PUC-Rio. Presidente da SOTER – Sociedade de Teologia e Ciências da Religião.

UMA HERANÇA ESTRUTURAL E COMPLEXA

Existe o passado para compreender
O amanhã que se organiza hoje
E o futuro como projeto
(NÓVOA, 1998).

Ao pesquisar o ensino religioso, uma proposta relacionada à política religiosa escolar, o caminho da pesquisa permitiu mergulhar mais profundamente no estudo, no sentido de proceder a uma análise pormenorizada da história, interpretação e perspectivas do ensino religioso.

Tratar a educação no âmbito da religião torna-se urgente e necessário devido aos desafios atuais da sociedade. Desse modo, o estudo em questão pretende mostrar a importância do ensino das religiões, e não de uma religião na escola, pois, no mundo atual, é urgente o cultivo da alteridade, seguir o caminho dos valores, diferenças e ter em vista a compreensão do outro.

Desta visão, necessariamente, nasce a exigência do estudo responsável sobre religião, ensino religioso, educação em sua trajetória histórica. Nesse sentido, o que nos surpreende é que, na história da educação no Brasil, o ensino religioso esteve sempre na pauta das discussões e debates. Esta questão atravessa de ponta a ponta a história da educação brasileira e caracteriza uma herança estrutural e complexa.

Diante desse cenário, a presente obra procura trazer uma questão importante e relevante para o atual contexto, uma vez que remete para um estudo geral e sistemático que apresenta uma radiografia desse descontentamento difuso, mediante um levantamento amplo e metodologicamente consistente dos fatores que provam essa crise generalizada.

Os debates frequentes em nível nacional mostram-nos que a problemática não é exclusiva de um Município ou de um Estado. Trata-se de uma crise ampla e por isso não é fácil delimitar seu espaço para análise. São lamentações generalizadas que miram os mais variados aspectos da disciplina, a falta de clareza sobre a sua natureza, o seu conteúdo, os seus resultados, queixas frequentes e esparsas revelando incertezas nessa área.

Assim, é facilmente verificável que a falta de clareza mantém, no transcurso das décadas, uma atitude ambígua diante do ensino religioso, uma disciplina incluída e excluída. Nesse sentido, engolfado no conflito entre escola pública de natureza laica e sua condição de elemento dependente, por trás da disciplina do ensino religioso, oculta-se um conflito, um mal-estar: quando se depara, de maneira epidérmica, percebe-se que o ensino religioso sofre de um mal-estar, à guisa de um organismo enfermo. Não foi nossa intenção assumir a expressão mal-estar como categoria analítica. Deixamo-la em seu sentido metafórico.

Frente a isso, a pesquisa partiu de uma metáfora oriunda da área da saúde e, a partir daí, procurou-se estabelecer a dimensão da crise. Recorremos à metáfora da "área clínica", que indica o trabalho do médico, quando um paciente queixa-se de vários distúrbios. Ele prescreve uma tomografia geral para captar os vários pontos onde se localizam os mal-estares, depois individualiza os mais graves que precisam ser tratados e sobre eles procede ao trabalho de contextualizá-los e diagnosticá-los mediante o histórico geral do paciente.

Este trabalho também propõe-se a localizar as questões que afligem o ensino religioso, de onde vêm situação de crise e sua gênese, na maior parte dos casos. A fim de alcançar esse propósito, apoiamo-nos na concepção gramsciana da história e da sociedade como referencial para analisar o ensino religioso no Brasil. Isso significa supor que o olhar contextual e analítico deste trabalho passa pelo caminho teórico da concepção dialética da história, da sociedade e das instituições.

Dessa maneira, seguindo as pistas do pensamento gramsciano, o primeiro passo foi uma ida aos primórdios do ensino religioso, no Período histórico Colonial e Imperial, no qual a hegemonia do poder dominante empenhava-se na tarefa da colonização.

Segundo a visão gramsciana, expressa principalmente nos *Cadernos do Cárcere*, a humanidade progride por sucessões de blocos históricos, iniciando por aqueles que, no Ocidente, constituíram as sociedades anteriores à civilização greco-romana. Em seguida, houve a dominação econômica, política e cultural do sistema greco-helenístico, sucedido pelo período histórico romano, que perdurou até a Idade Média, que foi suplantada pelo bloco burguês ou capitalista, que predomina até hoje.

No âmbito desses grandes blocos, surgem blocos regionais com suas peculiaridades sem, entretanto, romper a hegemonia do poder dominante. Por exemplo, no seu tempo, Gramsci apontava, na Itália, a existência de dois grandes blocos, o Meridional, pobre e subdesenvolvido, e o Setentrional, rico e desenvolvido. Nesse bloco, exerce o poder a classe que domina a estrutura econômica.

O período histórico burguês capitalista é constituído, segundo Gramsci, pela sociedade civil e pela sociedade política. No campo civil, estão as instituições econômicas governamentais e culturais. O campo político é constituído pelo poder coercitivo, que garante a unidade do período histórico. O cimento da sociedade civil é a ideologia ou a visão de mundo burguesa ou capitalista, sustentada pelas instituições culturais, cujos órgãos principais são os meios de comunicação, as instituições escolares e a Igreja ou o poder religioso.

Entretanto, no quadro consensual, há constantes, reiterados e duros conflitos entre dominantes e subalternos. O conflito penetra também o âmago da classe dominante. Muitas vezes, são os intelectuais que ameaçam romper. Outras vezes, é o poder religioso que busca contestar o poder do Estado burguês e luta por independência e até pela supremacia, como ocorreu na Idade Média.

Para evitar as rupturas, o poder dominante burguês recorre a alianças, pactos e privilégios. Em troca da sua submissão, o intelectual e o cientista adquirem um status privilegiado, e o poder religioso, por meio de alianças e concordatas, é contemplado com isenções, subsídios ou favorecimentos. Assim se mantém a estrutura de poder.

Aponta-se agora outra peculiaridade: persistem no ensino religioso mal-estares nem sempre resolvidos, em razão de que o subalterno não é mero objeto de consenso e submissão, uma vez que ele tem sua cultura e seus meios de ação que lhe são peculiares. O subalterno chega, muitas vezes, a interagir e até a contagiar aquele que exerce o poder hegemônico.

Ainda, de acordo com o propósito deste trabalho, pode-se dizer que, nos primeiros anos da colonização efetiva do Brasil, existiam conflitos entre a Igreja e os colonos portugueses. Os colonos queriam escravizar os índios para trabalharem nas plantações de cana-de-açúcar, enquanto os religiosos aproximaram-se deles para catequizá-los. Frente a isso, a primeira forma de ensino religioso na Colônia e no Império foi um mar agitado, que causou inúmeros dissabores a evangelizadores e evangelizados. Como se constata, os padres jesuítas tornaram-se obstáculos para a escravidão, porque defendiam os índios para serem catequizados.

A Igreja, na verdade, sempre defendeu o direito dos povos indígenas e o meio ambiente. As causas da escravidão indígena, todavia, estavam ligadas principalmente ao propósito dos portugueses em colonizar o Brasil. Como se vê, o índio foi despojado da sua cultura e da sua religião. Rebelou-se, resistiu, mas teve que ceder à força maior da evangelização e da cristianização.

O próprio evangelizador também foi vitimado pela sua própria postura de invasor. Como se constata, enquanto índios e negros viviam na angústia da invasão da sua cultura e da sua religião, o evangelizador também entrava em crise profunda oriunda de uma consciência perplexa por não conseguir conciliar a mensagem do evangelho.

Assim, com a negação da alteridade do evangelizado, o evangelizador percebeu que culturas estavam sendo destruídas e seres humanos, iguais em direito e dignidade, estavam sendo marginalizados, considerados inferiores, gentios, pagãos, possuídos pelo mal, objetos a serem resgatados da ignorância e do pecado. Isso sem contar os inúmeros incômodos materiais, físicos e morais que a missão acarretava ao missionário.

A semelhança entre evangelizador e evangelizado parece residir em um imaginário de crise que teve suas características próprias na sua gênese, mas que assume novas feições quando penetra no contexto socioeconômico e político, que se estabelece no cenário Republicano. Neste sentido, considera-se que a catequese desenrola-se na dialética entre senhores e escravos.

Abolida a escravidão, já no final do Império, e com o advento da República, não há mais senhores e escravos e a dialética agora é entre a dominação burguesa e os subalternos formalmente livres, mas subjugados pelo poder econômico nas relações de trabalho.

Convém ressaltar que, pela Constituição, a pessoa é detentora da liberdade de consciência, da livre manifestação do pensamento e pode optar e praticar sua religião ou crenças, ou até ser descrente e ateia. Nesse sentido, integra uma sociedade plural sob os aspectos sociais, econômicos, políticos, culturais, raciais e religiosos.

Nesse novo contexto, aquele mal-estar que marcou a catequese na Colônia e no Império, pela invasão cultural que caracterizou a evangelização colonizadora, agora tem outros cenários de desassossego, presentes em inúmeros tópicos que a pesquisa, com seus vários instrumentos de levantamento de dados, conseguiu mapear. Como a pesquisa revela, apesar das diferenças, parece claro que, desde a Colônia, criou-se um imaginário de crise, que cerca o ensino religioso em toda a sua história, embora os aspectos positivos sempre tenham estado e continuem presentes.

O conhecimento da história pregressa permite ver com mais clareza a radiografia da complexa realidade do ensino religioso contemporâneo e mostra que a dialética de outrora tem continuidade. Além disso, os arranjos e soluções provisórias ainda persistem, suscitando um amplo espectro de inquietações, que vão desde a identidade conceitual e epistemológica da disciplina até a ambiguidade da sua figura legal e as sequelas práticas e pedagógicas dela decorrentes, que rebatem constantemente na formação do professor e no próprio material didático.

Isso possibilita supor que não se atinou que a vivência espiritual é um fenômeno cultural de profunda penetração em todos os povos, a merecer, por isso, independentemente dos credos e das posições adversas, um tratamento específico no espaço escolar.

Dada a complexidade do tema, foi necessário, além da pesquisa bibliográfica, o uso de vários instrumentos de pesquisa aplicados a pessoas vinculadas à área de ensino religioso: pais, diretores de escola e alunos do curso fundamental. Pode-se afirmar, então, que a garimpagem para detectar esse mal-estar exigiu uma abordagem em sua multidimensionalidade, que englobou a legislação, o posicionamento das instituições de ensino frente às orientações legais, os conteúdos programáticos, a grade curricular, os recursos pedagógicos, a valorização do docente, o salário, a formação específica, a carga horária, o material de suporte pedagógico específico, o plano político-pedagógico, os objetivos, que respondem à diversidade do ensino religioso, e a disponibilidade de professores com formação específica em Ciências da Religião.

Como se vê, a intenção foi elaborar uma radiografia o mais ampla possível para detectar os sintomas que poderiam estar afetando o ensino religioso. É evidente que a maior e a principal fonte de informação foi colhida entre os professores. Por isso, eles foram solicitados a dar informações mediante vários procedimentos, cujo resultado parece ter sido satisfatório.

Compreende-se, então, que os tópicos que revelam insatisfação e os pontos positivos parecem refletir o que acontece no ensino religioso em toda a sua extensão. É evidente que se trata de um levantamento geral, e não é possível, pelos limites da pesquisa, afirmar categoricamente que os tópicos sejam os mesmos em todos os Estados da Nação e com a mesma ênfase que foi colhida nas informações obtidas. Parece-nos também que o método de agrupamento temático conseguiu dar uma visão organizada dos dados e ao mesmo tempo chegar a perceber onde há maior incidência da crise.

Pela extensão dos dados revelados, não foi intenção desta pesquisa analisar cada dado individualmente, mas acreditamos ter levantado inúmeras situações, positivas e negativas, que poderão ser, individualmente, objeto de novas pesquisas e análises.

Ensejamos que este trabalho possa ter lançado algumas luzes sobre uma disciplina tão necessária e, ao mesmo tempo, tão polêmica, tendo em vista, especialmente, nossos companheiros de magistério, que labutam no dia a dia para fazer do ensino religioso aquilo que dele se espera. O ensino religioso tem a incumbência de ser uma orientação "intelectual e moral", no sentido que essa expressão adquire no pensamento gramsciano: a formação plena, intelectiva, afetiva e passional de cidadãos que vivem a transcendência na imanência, isto é, assumindo a religião não só como sentido pleno para a vida, algo que a ideologia burguesa, assentada no iluminismo, não é capaz de oferecer, mas também como um fator de compromisso social e político, rumo à emancipação do ser humano e da sociedade.

Com certeza, é um avanço situar o ensino religioso no amplo processo educacional, numa sociedade pluralista, que tem na escola um importante espaço de discussão e reflexão sobre o processo de aprendizagem, um espaço também de convivência, que deveria ser solidária e respeitosa, aberta à alteridade, ao diferente, no qual educadores e educandos deveriam resgatar os valores fundamentais da vida e buscar o sentido profundo e transcendente da existência humana.

Portanto, de acordo com o propósito deste trabalho, a presente obra procura trazer uma questão importante e relevante para o atual contexto, uma vez que remete para um estudo geral e sistemático da relação entre educação e religião. Frente a isso, se estas dimensões permanecerem compartimentalizadas, isoladas, a escola e a sociedade dificilmente poderão promover uma educação responsável e eficiente.

O ENSINO RELIGIOSO NO PERÍODO HISTÓRICO COLONIAL, IMPERIAL E REPUBLICANO: A GÊNESE DE UMA CRISE HISTÓRICA

Neste capítulo pretendemos fazer uma retrospectiva histórica, que permita buscar nos primórdios da história do Brasil o fio condutor que desencadeou a crise do mal-estar do ensino religioso, como disciplina curricular das escolas públicas de ensino fundamental no Brasil.

No contexto atual, a realidade mostra que o ensino religioso é uma questão de profundo teor polêmico, que os envolvidos nessa área constatam por diferentes ângulos. Essa pluralidade conflitiva repercute no cotidiano da escola, no professor da disciplina e nos alunos, inviabilizando um bom desempenho do ensino religioso em instituições educacionais.

Encaminhar a reflexão a partir de uma retrospectiva histórica é, sem dúvida, relevante para se entender a radiografia da complexa realidade atual do ensino religioso, pois ela se apresenta em um imaginário prático constituído desde a Colônia e que foi assumindo perspectivas diferentes ao longo da história, mas mantendo as mesmas correlações de forças atuantes em suas origens.

Optamos por iniciar pelas raízes históricas consoante à nossa posição teórica segundo a qual as manifestações do conhecimento, da cultura, das relações educacionais têm seu fundamento no ser social e este é radicalmente histórico. Iniciar pelas raízes históricas é uma decorrência de nossa posição preliminar de analisar os fatos pela categoria gramsciana de “blocos históricos”. Analisaremos essa retrospectiva, lançando um olhar para a Colônia, o Império e a República, compreendidos como três grandes Blocos Históricos nos quais Estado e Igreja ora são parceiros ora entram em conflito na trama constituída pela luta ideológica e pelos embates em busca da hegemonia.

Neste sentido, veremos, sob a ótica gramsciana, que os jesuítas, detentores do conhecimento e da educação, no processo da colonização brasileira, atuavam como intelectuais orgânicos do Estado, não obstante alguns conflitos e contradições. De certa forma, ministrando o monopólio ideológico, a religião agia como força social e política e garantia a hegemonia do poder colonial.

Na memória histórica da catequese jesuítica do período colonial do Brasil, buscamos a matéria-prima do processo ideológico que nos serve de indicativo dos principais elementos que nos permitem aproximarmo-nos da problemática pela qual passa o ensino religioso nos dias atuais. Ao longo da história, este ensino recebeu atenção especial de pensadores renomados em razão da importância e da complexidade que o cercam, características das incertezas em torno de sua identidade conceitual e epistemológica. Essa realidade complexa já se reflete na dialética e, ao mesmo tempo, na dialogia entre os subalternos (índios e negros) da Colônia e do Império e o poder dominante mediado pela prática evangelizadora e catequética da Igreja Católica.

As partes envolvidas nessa trama refletem tanto o confronto quanto o encontro de culturas diferentes que constituíram uma das experiências mais marcantes da humanidade, na descoberta e na colonização do Novo Mundo. Tanto os europeus como os nativos, os negros e a Igreja saíram profundamente modificados desses encontros e desencontros.

O mundo europeu trazia às terras brasileiras um desejo de busca, de conquista e colonização. Frente à cultura do nativo e, mais tarde, do negro, o velho mundo atuou segundo as concepções da própria cultura. Isto produziu a ambivalência, ou seja, duas possibilidades da realidade sincrética que se desenvolveu no novo solo, surpreendentemente diferente da cultura europeia.

Ser índio, negro, branco ou de outra raça determinava as oportunidades sociais no país. Esta constelação étnico-cultural configurava-se, muitas vezes, como fronteira de dominação e exclusão. Mas a supremacia do branco, do estado burguês e da elite racista, que se perpetuava no poder desde a invasão colonial, nunca foi total e absoluta, pois, nos três blocos históricos, o dominado sempre conquistou espaços e fez valer sua cultura.

É interessante observar que as produções sobre as fontes do século XVI, sobretudo quando tratam de analisar as relações entre índios e brancos, expressam-se, na maioria das vezes, de modo a enfatizar o "espanto" dos europeus com os índios, buscando acentuar e construir uma dualidade radical entre estes povos, como se fosse esse valor que inaugurasse estas relações. A "animalização" e a "demonização" dos índios pelos portugueses caracterizam uma tentativa de afirmar o ego europeu, isto é, hierarquizar as diferenças, impondo sua cultura e ideologia.

Com efeito, podemos afirmar que as fronteiras étnicas-culturais não são naturais nem fatais, mas historicamente construídas a partir de interesses econômicos, culturais e ideológicos. Nesse contexto, o índio e o negro eram colocados no papel de destinatários, ou seja, manipulados, para acreditarem nas crenças e assumirem os "valores" impostos pelos colonizadores, pela força das armas e pela catequese realizada pelos religiosos. Estes últimos, com a missão de divulgar a verdade absoluta, diante dos ideais da colonização, não aceitavam coexistir com outras verdades.

Nessa perspectiva, Antonio Gramsci forneceu elementos adequados para a compreensão desse desassossego. Ele distinguiu a função repressiva, que é inerente a toda organização, e a função ideológica, que consiste na visão de mundo dos dominantes e dos dominados. Referindo-se à Igreja como aparelho ideológico, Gramsci argumenta que ela detém um poder político no próprio interior da organização civil que, em certas épocas, alcança um verdadeiro monopólio ideológico. Assim aconteceu na Idade Média cristã e no Bloco Colonial brasileiro. Já no Bloco Imperial e Republicano, entra em crise o monopólio ideológico da Igreja pela irrupção da ideologia liberal e laica.

Na análise gramsciana, a Igreja (os influentes religiosos) figura como agente no processo hegemônico. Seus conceitos são chaves de compreensão da trajetória da Igreja, no que diz respeito a sua inserção social e também suas lutas pela hegemonia. Gramsci realizou valiosos estudos sobre essa questão, especialmente sobre o papel e a função orgânica dos Jesuítas. Suas elaborações teóricas são importantes instrumentos para compreender o processo hegemônico colonial, no qual a religião assumiu o papel de identidade social.

No período colonial, viver fora do contexto de uma religião parecia impossível, pois a religião era uma forma de identidade, de inserção num grupo social, numa irmandade ou confraria, ou até mesmo no mundo. Por isso, a colonização dos povos indígenas não se deu apenas porque o nativo era força de trabalho a ser explorada, mas, também, os índios, segundo parecer do colonizador, "não tinham conhecimento algum de seu Criador, nem das coisas do Céu" (CAMPOS, 1991, p. 43).

Essa mentalidade foi essencial para caracterizar a presença da Igreja como ideologia religiosa. Não foi retórica a afirmação de D. João III, ao escrever a Mem de Sá: "A principal causa que me levou a povoar o Brasil foi que se convertesse a nossa fé católica" (LEITE, 1954 apud SOUZA, 1993, p. 23). Essa postura trouxe sérios mal-estares para os nativos obrigados a se submeterem à imposição colonizadora.

Esse conjunto de situações apresenta justificativas de ordem histórica, cultural e ideológica que perduram na atualidade, como se constata também na pesquisa de Campos, embora com conotações diferentes, conforme a mudança dos conflitos. As implicâncias dessa ideologia repercutem como se tivessem criado um certo "inconsciente coletivo".

A cultura colonizadora, autodefinida como superior, longe de assimilar a contribuição dos indígenas e dos africanos escravizados, não só os espoliou do potencial de sabedoria, como, em parte, relegou sua cultura. Conhecer essa história pode nos ajudar a encontrar o fio condutor do emaranhado desassossego do ensino religioso na atualidade.

O PACTO ENTRE IGREJA E ESTADO, NO PERÍODO HISTÓRICO COLONIAL E IMPERIAL

No período do descobrimento do Brasil, vigorava em Portugal uma estreita união entre Igreja e Estado. Era o rei quem comandava os destinos da Igreja no Brasil Colônia. Essa ligação rendeu ao Estado português uma série de concessões e licenças que acabaram por fortalecê-lo e moldar a mentalidade por meio da qual se fez a catequese no Brasil.

Como se vê, o que caracterizava a atuação da Igreja nos primeiros tempos da colonização era sua dependência do projeto colonial português. Neste aspecto, Estado e Igreja viviam uma relação simbiótica, sacramentada pelo instrumento do padroado, com imbricações tão profundas entre si que, muitas vezes, geravam grandes conflitos institucionais.

Essa simbiose Igreja e Estado apresenta-se com sintoma de mal-estar e pode ser classificada sob duas concepções divergentes e até contraditórias: *perigosa e vantajosa. Perigosa,* porque os colonizados vivem sem direitos e sem bens. *Vantajosa,* porque ambos, Igreja e Estado, beneficiavam-se de direitos recíprocos.

Portanto, na aliança entre Estado Português e Igreja Católica, os governantes tornavam-se sujeitos dos direitos de indicar à Santa Sé os candidatos ao episcopado, nomear os vigários ou párocos e até mesmo de dar o seu *placet* à divulgação dos documentos pontifícios. Em compensação, a Igreja Católica tornava-se a religião oficial da Nação, devendo ser protegida preferencialmente pelas autoridades (CASTELAÑO,1963, p. 39).

Desta forma, o padroado constituía uma base legal para o Estado ingerir-se em assuntos que pertenciam à Igreja, como um "aparelho" submisso ao Estado que assume o mister da educação civil e religiosa do povo (MOURA, 2000, p. 57).

Aliada ao governo português, a Igreja católica lançou-se à tarefa de colonização do Brasil com tanta eficácia que se transformou numa das mais sólidas e rígidas instituições de poder no país. Desta forma, a atividade missionária da Igreja no Brasil não estava aliada somente à descoberta e à colonização, mas também à instalação de uma sociedade cristã, por meio da catequese dos índios e dos negros.

Convém explicitar que a catequese religiosa e a expansão ultramarina constituíram uma relação circular. Tal vínculo não poderia deixar de acarretar um mal-estar profundo nas áreas coloniais, cuja complexidade perdurou por séculos, sendo o regime de padroado uma manifestação daquilo que, com o decorrer do tempo, configurar-se-ia em uma tendência a mesclar a religião e o poder.

Nesse aspecto, o rei português assumia fortemente seu duplo papel de chefe político e religioso. Assim, identificavam-se, na prática, a colonização e a cristianização. "Os colonizadores partilhavam da mentalidade de seus reis. Todo o acatólico era considerado inimigo, infiel, aliado ao demônio, um perigo para a unidade religiosa" (BRUNEAU, 1974, p. 30). Com essa ideologia, os portugueses instalaram no Brasil uma sociedade cristã. Para o padre José de Anchieta e todos os outros padres que vinham evangelizar o novo mundo, os índios eram pagãos a serem convertidos.

Aponta-se agora outra peculiaridade, isto é, o papa Paulo III havia promulgado, em 1537, a bula *Sublimis Deus*, que considerava todas as raças iguais em face da Redenção. No entanto, os evangelizadores acreditavam não haver salvação fora da Igreja e até imaginavam, antes de vir para a América, que qualquer pessoa só poderia ser católica se vivesse de acordo com a civilização europeia.

Evidencia-se que missionários e indígenas, de acordo com seus horizontes culturais, buscam compreender a alteridade religiosa. Assim, também o missionário abriria a possibilidade de ser reconhecido como diverso e livre, porém, esta não foi a realidade inscrita na história.

Os antropólogos, hoje, julgam que "o ideal seria ter deixado os índios com sua própria maneira de viver" (HOLANDA, 1972, p. 112). Este pensamento contemporâneo justifica-se porque, se tivesse de fato acontecido a liberdade dos nativos, estes teriam permanecido na sua cultura e nos seus ritos. Entretanto, é muito difícil compreender como os jesuítas, no contexto histórico daquele período, poderiam abster-se totalmente de influenciar com sua atividade, na cultura e na religião dos indígenas. Essa intromissão, ligada ao espírito da colonização, lançou o mal-estar no evangelizador.

Retrocedendo no tempo e observando a atuação dos primeiros missionários, não há como duvidar do esforço meritório despendido em seu apostolado, do espírito pioneiro de busca de convivência, enfrentando obstáculos, principalmente na maneira de ver e julgar o mundo recém-descoberto. Sua postura reflete a ambivalência da realidade em que atuavam e viviam.

A dualidade de procedimentos dava-se pelo zelo de extirpar as idolatrias e heresias, levando os jesuítas a pregar a palavra de Deus, evangelizando, catequizando e impondo suas ideias aos povos indígenas, alterando, assim, as sociedades com as quais entravam em contato.

Os jesuítas, como profundos humanistas, prezavam o estudo e o domínio das letras, da palavra e da pregação. Para executarem a tarefa missionária, era preciso saber convencer. Para tanto, era necessário dominar a retórica. Para eles, falar é convencer; convencer para converter. Seu lema de trabalho missionário era Palavra e Fé.

Depreende-se, assim, a necessidade de analisar a infiltração da doutrina cristã entre os índios e, depois, entre os escravos.

A invasão e a missão

Quando os portugueses chegaram, o Brasil era habitado por milhões de índios. Os europeus, ao depararem com esses nativos, por pensarem estar chegando às Índias, deram-lhes o nome de índios. Portanto, não era uma terra sem dono. Era habitada e sua posse distribuída entre numerosos grupos de nativos que a ocupavam.

A ideia de posse e propriedade, quando referida aos indígenas, não tem o mesmo sentido que tinha para os portugueses, e que tem ainda para nós, o de propriedade privada. O território brasileiro pertencia aos índios.

Em 1548, ao assumir o cargo de governador, Tomé de Souza recebeu de Dom João III um documento com diretrizes políticas, jurídicas e administrativas para o funcionamento do Governo Geral do Brasil. Nesse documento, o rei afirmava que estaria povoando as terras do Brasil para converter os nativos à fé cristã. Dizia também que os portugueses deveriam incentivar a catequese sem oprimir ou desagradar os nativos.

Conforme verificou-se até aqui, os missionários perseguiam o grande objetivo de estabelecer a religião cristã. Embora a missão dos jesuítas fosse a catequese dos habitantes das novas terras, a obra que realizaram foi muito extensa, assentando as bases de uma nova nação, mediante a educação no Brasil.

Nesse sentido, as igrejas recém-construídas, as ermidas e os oratórios levantados, bem como as cruzes fincadas, marcavam o território português e o domínio sobre essas almas que tinham de ser conduzidas/levadas (ainda que à força) para Deus. Deparamos, portanto, com a gênese do mal-estar da catequese, pois a ação missionária dos jesuítas desenvolvia-se em uma dualidade conflituosa: servia aos interesses da política colonizadora do rei de Portugal e procurava alimentar seus próprios ideais de evangelizadores. Os jesuítas queriam transformar os "selvagens" em "civilizados", "salvá-los", fazendo com que conhecessem a verdadeira fé (MESGRAVIS, 2000, p. 15). É aí que se coloca o problema sociológico da relação entre religião e invasão cultural do índio.

Esse processo de invasão e de submissão do indígena ao domínio colonial marcou fortemente a vida dos nativos.

A cultura nativa nos parâmetros eurocêntricos

A missão julgava a cultura nativa "segundo parâmetros eurocêntricos" (DEMO, 2004, p. 23). Nessa realidade dicotômica, a saber, colonizar e evangelizar, não havia preocupação em entender o contexto cultural do nativo, nos termos definidos de sua vida tribal. Isso significa supor que ao evangelizador engajado no projeto colonizador, condicionado por uma tradição cultural etnocêntrica, messiânica, faltou uma dimensão antropológica na sua maneira de ver o evangelizado.

A ação jesuítica pode ser considerada de grande importância para a história dos indígenas no Brasil, por ter provocado uma série de deslocamentos, não só do ponto de vista religioso, mas também no confronto entre culturas diferentes. E, ainda, por interrogar sobre a identidade do outro e de si mesmo, embora essa indagação seja feita numa perspectiva etnocêntrica. Não podemos perder de vista, todavia, que o contato entre culturas radicalmente distintas sempre foi algo difícil e, em geral, ao longo da história, o "diferente" torna-se sinônimo de "inimigo" que deve ser destruído ou colonizado.

Essa mentalidade influenciou a ação catequética, porque, embora fazendo concessões aos elementos da cultura aborígine, estrategicamente o movimento evangelizador não foi em direção ao outro, para o outro, mas contra o outro. A pesquisa das relações entre os protagonistas da catequese e o nativo permite desencadear um incipiente processo de busca da gênese do primeiro cenário de mal-estar.

A violação da cultura indígena

A violação da cultura indígena no período colonial, ou seja, no início da colonização do Brasil, pode ser referência e matriz fundante que serve para entender, em parte, a complexidade do ensino religioso na atualidade.

Convém salientar que a cultura é expressão humana relativa e está sempre relacionada com a realidade específica de cada povo. Dentro dos parâmetros culturais do colonizador desatento, o mundo dos indígenas apresenta-se como difuso, atrasado e demoníaco.

A visão preconceituosa do colonizador não permitiu uma compreensão do cerne cultural da comunidade indígena, portanto, evitou que o processo de modificação cultural se fizesse livre, liso e horizontalmente sem desníveis e fraturas de sentido e valor. O índio era considerado um ser inferiorizado.

Essa postura era uma maneira de aprisionar o universo indígena nos contornos do evangelizador. Os rituais indígenas provocaram medo, e esse medo e horror aos espíritos malignos indicam que padres e colonos não entendiam o contexto cultural dos nativos, nos termos definidos pela própria tribo. Ao contrário, tratava-se de julgá-los pelos valores cristãos, isto é, julgavam a cultura nativa segundo os parâmetros eurocêntricos.

A mentalidade de conquista e da cristandade colonial, assim compreendida, fez com que os rituais específicos dos nativos não fossem respeitados. A justificativa que legitimava a escravidão do índio, a saber, o objetivo de convertê-los à fé, constituía, sem dúvida, uma violação da cultura indígena e um cenário de mal-estar.

> Missionário e o colonizador têm o mesmo interesse. Porém, o missionário se opõe ao colonizador na medida em que o índio é escravizado. Preserva o índio da opressão e dos maus costumes dos portugueses. O projeto colonizador, ao contrário, é transformar o índio em força de trabalho escravo. (OLIVEIRA,1985, p. 38).

O índio e depois o negro constituíram os subalternos do período histórico. Na análise gramsciana, o subalterno é definido como um segmento social subjugado e submisso à hegemonia das classes dominantes, mesmo quando se rebela.

> Levados por uma interpretação simplista da realidade indígena como um agrupamento humano carente e imbuídos de um sentimento de comiseração por seu atraso cultural e pelas trevas do paganismo em que estavam envolvidos, os jesuítas se lançaram à grande missão de conquistar esses gentios ao redil de Cristo e de imprimir-lhes uma nova cultura. (AZZI, 1987, p. 211).

Isto vem confirmar que os gestos e os ritmos dos indígenas, que cantavam e dançavam, já não significavam gestos próprios de fiéis cumprindo sua ação coletiva e sacral, mas denotavam, para o branco, poderes violentos.

> Na medida em que o missionário mergulha no conhecimento da vida indígena, e percebe a ausência de rituais consagrados a Tupã ou a Sumé, decidem que devem buscar em outro *lócus* simbólico o cerne da religiosidade tupi, isto é, no culto dos mortos, no conjunto dos bons e maus espíritos. (BOSI, 1994, p. 69).

Oliveira (1985, p. 32) considera que os evangelizadores, para atingir o cerne do significado cultural de cada um dos protagonistas da história, usaram métodos catequéticos para revelar uma tentativa de busca do "outro". Todavia, sempre oscilaram, na pedagogia, entre amor e temor.

Frente a isso, a política colonial de conversão ao cristianismo, por meio da catequese, criou um choque entre um mundo europeizado e a alma do índio adulto, pois era-lhe impossível aderir aos preceitos religiosos, sem renunciar aos próprios princípios.

A história mostra que a reação do nativo foi tão marcante, que se tornou uma ameaça perigosa para certas capitanias, como Espírito Santo e Maranhão. Além da luta armada, os indígenas reagiram de outras maneiras, fugindo, alcoolizando-se, cometendo homicídios como forma de reação à violência estabelecida pelo escravismo colonial.

Ao ser cristão, o indígena devia, forçosamente, se transformar em português, esvaziando sua cultura:

> Os cantos indígenas, de um grande sabor, substituíram-nos os jesuítas por outros, compostos por eles secos e mecânicos; cantos devotos sem falar de amor, apenas em Nossa Senhora e nos santos. Entre os caboclos ao alcance de sua catequese acabaram com as danças e os festivais. Procuraram destruir, ou pelo menos castrar, tudo o que fosse expressão viril de cultura artística ou religiosa em desacordo com a moral católica e com as convenções europeias; separaram a arte da vida. (FREIRE, 1936, p. 14).

Nesse processo "civilizatório" pela invasão dos costumes por práticas sociais impostas, a espontaneidade indígena é sufocada. O importante para os missionários é obter a "conversão" dos povos indígenas. Considerados gentílicos, incivilizados, pagãos, inimigos da fé, amorais, idólatras e até mesmo dominados pelo demônio, eles precisavam ser instruídos na fé dos ideais cristãos.

Isso mostra que, ao transpor a cultura indígena para o mundo da linguagem dos valores europeus, o colonizador, condicionado por uma tradição cultural etnocêntrica, consciente da superioridade de sua cultura religiosa, integrada numa política de expansão ultramarina, cria, no trabalho catequético, uma cisão no conjunto das expressões simbólicas dos índios.

Dessa maneira, o colonizador colheu e reteve das narrativas recorrentes só aquelas passagens míticas nas quais apareciam entidades cósmicas (*Tupã*), ou heróis civilizadores (*Sumé*), capazes de se identificarem, em algum aspecto, com as figuras bíblicas de um Deus Criador ou de Jesus Salvador.

Como os tupis não prestavam culto organizado a deuses e heróis, foi relativamente fácil substituir a cultura nativa pela civilização branca. O índio ficou desamparado, sem o apoio cultural próprio. Essa forma de vetar a cultura nativa ocasionou uma situação estranha para os indígenas. Para Bosi (1994, p. 68), "o catecúmeno era visto e se via como um ser possuído por forças estranhas das quais o viria salvar um deus *ex-machina* pregado pelo abarê, o padre, e distribuído pelos sacramentos com a ajuda de entes sobrenaturais, como os anjos e as almas dos santos". O autor afirma ainda que:

> Enfrentando os feiticeiros (*pajés*), os missionários, acusavam-nos de ter parte com satã. Nas informações sobre as crenças e ritos tupis, tanto missionários como cronistas têm o mesmo discurso: negam a existência da religião entre os tupis; referem o medo aos trovões como manifestação de uma divindade, Tupã; narram casos de perseguição e morte dos índios por espíritos maus, Anhangá e Juripari, identificados com demônios; reportam a influência dos pajés e dos caraíbas. (*id.*, *ibid*, p. 61).

Dessa maneira, no trabalho de destruição da cultura indígena e imposição da cultura portuguesa, os missionários opuseram-se ferozmente aos pajés, guardiães das tradições indígenas, qualificando-os como feiticeiros a serviço do demônio e contra os quais deviam lutar.

A reconstrução desse processo de encontro, que sabemos ter sido opressor, assimétrico e violento, passa necessariamente pela construção do sentido do outro. Isto leva a evidenciar que a alteridade constitui um elemento indispensável no interior dos horizontes simbólicos, tanto para os missionários quanto para os evangelizados.

O mal-estar do evangelizador

Bosi (1994, p. 69) considera que "os Jesuítas permaneceram no Brasil como mentores da educação escolar num período de 210 anos". Estruturados como uma organização moderna para o seu tempo, conquistaram efetivação na catequese e na educação no período colonial. A eles cabia a tarefa de ensinar e catequizar, o que faziam com particular zelo apostólico e também atendiam às necessidades temporais. Agiam com responsabilidade e zelo na adaptação de normas, regras e com tolerância nas infrações que não ofendessem a Deus.

Os jesuítas, verdadeiros estrategistas, empenharam-se na organização dos aldeamentos, ação educativa e missionária ao longo do processo colonizador. A respeito deste aspecto da ação missionária, Priore (1994, p. 10) relata que "até 1580 os jesuítas tiveram exclusividade na ação religiosa no Brasil, como missionários oficiais da Coroa". Esta condição serviu para abrir caminhos e solidificar a colonização, voltada para a criação de uma grande nação indígena cristã.

Os missionários viviam numa ambivalência: eram sujeitos da Igreja e funcionários do Estado; colonizadores e evangelizadores, viviam divididos entre os interesses religiosos e os interesses do poder. Esta condição provocava desassossego no evangelizador.

Em matéria de educação escolar, souberam construir sua hegemonia e conquistaram uma organização escolar eficiente com uma ampla rede educacional. A prática pedagógica adotada remetia à escolástica medieval, configurando-se como Pedagogia tradicional que, na sua vertente religiosa, tornava a educação sinônimo de catequese e evangelização.

Nessa perspectiva, Gramsci, ao referir-se à Companhia de Jesus diz que:

> Os jesuítas foram indubitavelmente os maiores artífices deste equilíbrio e, para conservá-lo, eles imprimiram na Igreja um movimento progressivo que tende a dar certas satisfações às exigências da ciência e da filosofia, mas com ritmo tão lento e metódico que as mudanças não são percebidas. (GRAMSCI, 1975, p. 1386).

Verifica-se agora um aspecto de extrema relevância. Esses religiosos enfrentaram, desde o início, dificuldades de toda sorte e depararam com uma gama significativa de desafios que dizem respeito às condições culturais, físicas e sociais, aliadas às exigências da nascente sociedade, a partir da contribuição do elemento colonizador, o português (conquistador), o índio (dominado) e, pouco depois, o negro.

Assim, é facilmente verificável que o conflito e a distância entre as duas culturas obrigam o evangelizador a níveis de flexibilidade e tolerância, em relação aos costumes indígenas, pouco compatíveis, ao que parece, com a ortodoxia católica. Dessa maneira, "a nova representação do sagrado, assim produzida, já não era nem a teologia cristã nem a crença tupi, mas uma terceira esfera simbólica, uma espécie de mitologia paralela que só a situação colonial tornara possível" (BOSI, 1994, p. 65).

Como se vê, adentrar no imaginário do outro, transpondo palavras de uma esfera simbólica para outra, acarretava sérias dificuldades e, por vezes, empecilhos, isto é, um conflito teológico no próprio evangelizador, que não encontrava meios concretos para passar ao evangelizado as mensagens da doutrina cristã.

Para isso, inventavam um imaginário estranho sincrético, nem só católico, nem puramente tupi-guarani, quando forjavam figuras míticas chamadas *karaibebé,* nas quais o nativo identificava, talvez, os anunciadores da Terra sem Mal, e os cristãos reconheciam os anjos mensageiros alados da Bíblia e *Tupansy,* mãe de Tupã, para expressar um atributo de Nossa Senhora.

Cabe ressaltar que o ingresso dos índios numa missão religiosa tinha, evidentemente, significados diversos para eles e para os missionários: os índios iam em busca do mal menor, procurando sobreviver da forma que lhes era possível, recriando estratégias e culturas próprias na nova situação colonial. Já para os padres, a missão era o espaço da evangelização, no qual procuravam cumprir seu ideal cristão, avançando e recuando, conforme as condições que se lhes apresentavam.

Outro aspecto a considerar é que a cultura brasileira dominante era a cultura que hegemonicamente determinava todas as relações sociais da sociedade brasileira e que tinha seus valores atrelados à cultura ocidental branca, do colonizador.

Aplicando a visão gramsciana de hegemonia a essa realidade, podemos dizer que a sociedade brasileira, embora pluriétnica, isto é, formada por diferentes povos e, portanto, culturas, tem, historicamente – através da classe hegemônica, que domina cultural, política e economicamente as demais culturas –, as mais diversas formas de dominação e exclusão social.

Dessa maneira, na ação de ensinar e catequizar, pedagogia e religião confundiam-se. Dada essa confusão, verifica-se que o trabalho pedagógico permitia ver o "outro" na sua dinâmica social, invadindo e desrespeitando a sua cultura, e contribuindo para a sua destribalização. Frente a isso, é perceptível a mescla entre educação e catequese, invasão cultural e ação missionária.

Diante disso, é possível afirmar ter havido uma interação que poderá ser resumida numa frase, que descreve o perfil assumido pelo evangelizador na colonização: "a conquista transformou-se em missão, a missão em colonização" (BOSI, 1994, p. 69).

Vale ressaltar que as condições extremamente difíceis que circundavam a vida do missionário na época do Brasil Colônia agravam o mal-estar. Apesar da existência do padroado e da ajuda que poderia ser esperada do rei, os jesuítas encontraram dificuldades em manter as primeiras escolas onde ensinavam a ler e contar.

Os primeiros colégios e aulas de ensinar e contar criados pelos jesuítas em várias localidades do país, a começar pela cidade de Salvador, eram mantidos com sacrifício mediante esmolas e donativos especiais e pela mão de obra nas construções, que incluía esforço físico dos próprios religiosos, ajudados por índios e alguns colonos mais prestativos.

As crises também revelaram-se na fragilidade da saúde. Enfrentavam, no cotidiano, doenças que grassavam pela Colônia. Não só deviam evitar as picadas de insetos e cobras, mas também as febres, a malária, a opilação (falta de ferro no organismo) e o purupuru (doença dermatológica). Bexigas, tabardilho (febre eruptiva), câmara de sangue e tosse fustigavam os evangelizadores.

No que tange às comunicações, estas eram muito precárias. Não existiam caminhos e os deslocamentos eram feitos ao longo do litoral em embarcações improvisadas. Convém aqui mencionar o jesuíta Gabriel Malagrida que, embora perseguido até pelo bispo pelo zelo dedicado aos índios, fez de sua vida uma doação total. Viveu três anos num cárcere frio e úmido. Foi condenado pela Inquisição como herético escandaloso. Ao lado dessa história de vida, seguiram-se tantas outras, com uma extrema dedicação e desprendimento.

Os jesuítas forneceram um suporte ideológico religioso necessário para a dominação política dos colonizadores, o que não caracteriza um processo eminentemente cultural, mas com claras vinculações políticas, embora, como já vimos, isso lhes tenha custado dissabores e crises doutrinais e existenciais.

O estigma e a ressurreição do índio

Desde o início, os colonizadores portugueses, com seus hábitos culturais, começaram por "minar" a cultura nativa, impondo seus costumes. Viram os índios como uma fonte indispensável de mão de obra. Entretanto, os povos indígenas eram essencialmente caçadores e coletores.

É importante ressaltar que "os colonialistas não se contentavam em impor sua lei ao subjugado, esvaziavam-lhe o cérebro de tudo o que consideram inadequado para a situação de domínio ao povo oprimido, desfiguram-no aniquilando-o" (LUSTOSA, 1977, p. 104).

Os europeus descreviam o nativo com os mais fantasiosos traços: resistentes, saudáveis, inocentes, suaves amantes da paz, bestiais, arrogantes, ferozes etc. O rei Manuel de Portugal escreveu a seu colega, monarca da Espanha: "meu capitão alcançou uma terra [...] onde encontrou humanos como se estivessem em sua primeira inocência, suaves e amantes da paz" (SKIDMORE, 1998, p. 31).

Todavia, o contato entre o colonizador e o índio mostra que todos os seus hábitos, como beber, fumar, desejar ser nômade, dançar, enfeitar-se, guerrear, honrar os ancestrais, reverenciar os deuses e a natureza, pintar o corpo, entre outros, foram condenados em nome dos valores da civilização.

Como se constata, o comportamento dos índios e dos europeus é avaliado diferentemente: o português considerava-se cristão por direito e por nascimento; o indígena era visto como pagão e infiel. Os costumes do primeiro eram civilizados e cristãos; os dos nativos, selvagens e bestiais. Os nomes portugueses eram cristãos, os nomes dos indígenas, pagãos.

Isso significa supor que o estereótipo que se lançou à sociedade tribal era de um estado caótico, carente de ordenação espiritual, moral e social. Imaginando livrá-lo deste estado de caos e de carência, na sua atuação, o que fizeram, na verdade, foi justamente colaborar para conduzir o índio à situação de sua base cultural.

Entretanto, na catequese do índio nem tudo se perdeu. Não se pode falar em aniquilamento da sua cultura. O índio sobrevive em nossa cultura na língua, na religiosidade popular e na arte em geral. Economicamente, por longos anos, ele foi o esteio da produção no Brasil, mesmo com o advento da escravidão negra.

Trabalhos recentes na área antropológica mostram o papel e a sobrevivência do índio em nosso meio, fato esse relevante a ser considerado no ensino religioso na atualidade. O negro também foi aprisionado no contexto da desigualdade e da exclusão.

A catequese do negro e os conflitos

Muitos mitos foram criados em torno do processo escravista brasileiro, e muitos preconceitos foram gerados a partir dos argumentos que tentavam legitimar a escravidão. O mundo, regido por políticas de verdades e de preconceitos, manipula as regras de um jogo de dominação. Nesse sentido, Portugal era pleno de conceitos como "sangue limpo", "pureza de sangue" e "raças infectadas".

Ao analisar o capital comercial e a grande lavoura, Oliveira (1985, p. 42) chama a atenção ao fato da importância da mão de obra dos negros africanos, cuja aptidão para o trabalho agrícola já era bem conhecida o que resultou em forte presença de africanos no Brasil.

Os conflitos na vida dos negros no Brasil

Os negros africanos não chegaram ao Brasil de livre e espontânea vontade, mas foram trazidos à força, vendidos, humilhados, coagidos. À semelhança de prisioneiros num campo de concentração, eram severamente punidos pelos seus deslizes. O mais frequente dos crimes era a fuga: sozinhos ou em grupos, fugiam para buscar sua liberdade refugiando-se nas matas, constituindo, assim, os quilombos, sendo o mais célebre o de Palmares, no Nordeste.

O negro, construído como um sujeito inferior, supostamente irracional e selvagem, passa do processo de dominação ao processo de exterminação e subjugação, pela imposição da visão europeia civilizada.

> Os negros escravizados eram coagidos pelos mais diversos meios desde os mais suaves aos mais cruéis e violentos. Eram marcados com ferro em brasa. Eles viviam agrupados nas senzalas, obrigados a conviver com escravos de grupos étnicos diferentes, que podiam ser vendidos à peça, sem consideração por laço familiar. Os castigos corporais eram frequentes, e não raro chegavam à pena de morte e torturas. (OLIVEIRA, 1985, p. 82).

O estigma que a sociedade imprime ao negro é que ele é escravo do branco e, por conseguinte, propriedade sua. Portanto, "o que define o escravo é o fato de ser ele propriedade de alguém. Esse atributo essencial do escravo o coloca em condição similar à de animal, pois sobre um e outro o dono pode dispor como bem entender". (*id., ibid*, p. 42).

As relações entre senhor e escravo eram de proprietário e propriedade, como se o escravo fosse animal ou coisa. Elemento essencial na exploração mercantil e colonial, o escravo foi incluído no capital como coisa. Isso levou os escravos a construírem uma cultura de enfrentamento, por meio da instauração de terreiros e cultos para poderem manter viva a tradição africana.

Os senhores ordenavam punições públicas para aterrorizar a população escrava, porém, a elite colonial brasileira estava sempre consciente da possibilidade de morte ou violência nas mãos de seus próprios escravos. Se aprofundarmos essas proposições, percebemos que o que está em jogo é a alteridade.

Quando os negros reagem a seu modo, como o caso do caboclo-pardo, do Contestado e, por isso, acabam tornando-se visíveis, reivindicando sua participação no processo histórico, são perseguidos, mal-entendidos, odiados, desqualificados na sua cultura e na sua fé.

Os negros e negras vindos da África, segundo as diversas teses sobre a escravidão no Brasil, foram trazidos com o objetivo de construir a mão de obra do colonizador português. Todavia, o tráfico negreiro era uma atividade altamente lucrativa tanto para os traficantes quanto para a coroa portuguesa. Não podemos ignorar que estes desdobramentos relativos aos escravos acarretaram consequências às crianças negras filhas de escravos desafricanizados.

A catequese das crianças negras

A catequese das crianças negras no Brasil Colonial foi um fenômeno residual. Os colégios das primeiras letras ocupavam um espaço físico central nas fazendas da Companhia de Jesus. Essas escolas eram importantes na realização da catequese. Portanto, em função da conversão ao cristianismo, os filhos das famílias dos escravos também foram submetidos à escolarização. Eram crianças negras, filhas de escravos desafricanizados, que nasciam nas fazendas e propriedades da Companhia de Jesus.

Todavia, as crianças negras sofriam dois tipos de violências: nasciam marcadas pela maldição social da escravidão e estavam submetidas a um processo brutal de aculturação gerada pela visão cristã de mundo.

Serafim Leite (1945,p.145), referindo-se a essa realidade, observa que, "quando começaram a preponderar os negros nas fazendas principais, como a da Santa Cruz, ao pé do Rio de Janeiro, a escola de rudimentos e de catequese era para o filho dos escravos" .

A situação social dos negros era pior que a dos índios, pois as condições dos escravos eram mais severas que a dos índios. Não tiveram, como aqueles, os 'protetores' jesuítas, e até o Império continuaram simplesmente equiparados às 'bestas' das Ordenações Manuelinas. Isso nos leva a perceber que em diversos domínios sociais havia violência contra os negros escravos. "Eles não eram apenas submetidos a proibições, sob o domínio do 'colonizador', sua cultura era desprezada e até condenada" (PRADO, 1991, p. 27).

O código religioso

Aos negros, a religião, muitas vezes, constituiu um meio de se conformarem com a situação em que se encontravam. O escravo negro foi tratado com indiferença pelo seu paganismo e submetido à escravatura total. Duzentos anos depois, já no fim do mercantilismo, é que vieram as bulas para excluir taxativamente o negro das relações de mercadoria, propondo-o destarte como sujeito da catequese, ao reconhecer-lhe a existência da alma.

Desta forma, a oposição entre senhor e escravo não podia ser resolvida pela intensificação da coerção e proliferação dos quilombos. Os senhores de escravos tinham que ganhar o consentimento dos escravos para a condição social de propriedade por meio do "paternalismo", isto é, tinham que ajustar as relações entre ambos por um relacionamento mais afetivo, de tipo familiar, sendo o senhor uma espécie de pai ao qual o escravo era submetido como filho. Esse reconhecimento faz-se usando o código religioso: o escravo devia ser batizado, "pois sendo batizado tinha o direito de ser tratado como pessoa humana" (FREYRE, 1996, p. 84). Uma vez batizado, o problema seguinte era fazer o escravo deixar a crença negra, considerada inferior e demoníaca, e adotar a crença do colonizador, branca, cristã, tida por superior e divina. Para isso, os jesuítas se valeram do sincretismo religioso e da catequese músico-teatral, de forma similar às práticas religiosas indígenas.

Como se constata, os escravos, por imposição dos senhores, participavam a contragosto dos cultos católicos. Todavia, tal obediência era externa, sem crença. Na intimidade das senzalas, às ocultas, os escravos extravasavam sua fé. E, ali, os rituais trazidos da África, antigo e singelo exercício espiritual em que perpetuavam as crenças da terra-mãe, eram praticados aliviando-lhes a cruel realidade, a escravidão.

Aproximando o relato da vida do negro e do índio no Brasil e as influências acarretadas pela catequese à problemática atual de exclusão, percebemos que esta é um vício de raiz, ou seja, um resquício do domínio colonial, que subjugou o índio e posteriormente o negro, marginalizando suas culturas.

> Essa atitude de exclusão persistiu no período pós-colonial, que privilegiou as verdades prontas e acabadas do Iluminismo, cujos discursos afirmavam a hegemonia e a superioridade das elites e da sua cultura, inferiorizando a cultura popular e suas manifestações religiosas, enaltecendo a liberdade de crença e de culto, assim como a liberdade de consciência e de opinião. (SKIDMORE, 1998, p. 106).

Esse cenário histórico de exclusão convoca a detectar as causas dos conflitos do ensino religioso que se desenrola na atualidade. Uma das preocupações é a da consolidação de princípios democráticos e a reafirmação de princípios éticos, valorização da diversidade humana, da pluralidade cultural, sublinhada na abertura da Conferência de Santo Domingo. Depois, também o Papa João Paulo II reportou-se aos primeiros passos da evangelização e procurou enfatizar a sua visão positiva da evangelização, ressaltou o papel da Igreja na promoção humana e na proteção da cultura nativa.

Em 1967, o Papa Paulo VI, em seu documento *Africae Terrarum,* lançava um apelo oficial, valorizando a religião africana e colocando-a lado a lado com outras religiões universalmente conhecidas. Irônica ou intencionalmente, esse documento não foi suficientemente divulgado e amadurecido pelas comunidades cristãs, o que teria, sem dúvida, diminuído muitos dos preconceitos e dogmatismos das Igrejas locais.

O mais importante é o fato de o Papa reconhecer a religião africana como positiva e não mais como uma religião não cristã. Essa mudança de ótica legitima e estimula o reconhecimento da diferença como condição fundamental para um diálogo inter-religioso.

No pensamento de Gramsci, no caso da colonização brasileira, não resta dúvida de que a Igreja atuou como instância ideológica e agiu na formação das mentalidades. Era preciso dominar o negro e integrá-lo como força produtiva da sociedade em formação, por intermédio de práticas políticas disciplinares.

É importante ressaltar que a Igreja contribuiu para transformar o "nativo rebelde" em um "*homo docilis*", produtivo para a empresa colonial. Não podemos esquecer que as realidades sociais e culturais presentes são parecidas com as das crises do período Colonial, que atravessaram o período Republicano e chegaram à atualidade, embora com roupagens diferentes.

Nem tudo se perdeu – a cultura afro-brasileira

A contribuição africana na cultura brasileira é importantíssima. Conhecendo os elementos que a compõem, respeitaremos a riqueza cultural do Brasil e as diferentes formas de interagir com o meio. A riqueza da humanidade está exatamente nas muitas formas de ver o mundo. Neste aspecto, respeitar a diversidade inclui o respeito a si próprio.

O negro não apenas povoou o Brasil e deu-lhe prosperidade econômica por meio do seu trabalho. Trouxe, também, as suas culturas que contribuíram para o *ethos* próprio da cultura brasileira. Portanto, vindos de várias partes da África, os negros escravos trouxeram as suas diversas matrizes culturais. Aqui sobreviveram e serviram como patamares de resistência social, ao regime que os oprimia e queria transformá-los apenas em máquina de trabalho.

Isto não quer dizer que se conservassem puros, pois sofreram e sofrem a influência aculturadora, isto é, "embranquecedora" do aparelho ideológico dominante. Não se pode afirmar a ideia de uma cultura afro-brasileira única, pura. O que existe é um processo dinâmico de construção. É uma luta ideológico-cultural que se trava em todos os níveis, ainda diante dos nossos olhos.

Não existe identidade nacional sem as culturas africana e afro-brasileira. Por extensão, não existiria arte brasileira sem as artes africana e afro-brasileira. Ao olhar para os brasileiros, o rosto negro é uma marca da identidade brasileira. Os cultos afro-brasileiros são sistemas de crenças herdadas dos africanos, trazidos como escravos para o Brasil a partir do século XVI. A maior parte desses negros era proveniente da costa oeste da África, onde predominavam dois grandes grupos: os Sudaneses e os Bantos.

Assim, é facilmente verificável que o sincretismo é uma das marcas da cultura do Brasil, uma cultura forjada com contribuições das mais diversas etnias africanas, trazidas no período da escravidão; das nações indígenas que habitavam este território antes da chegada dos portugueses; dos demais europeus que migraram para este país; de japoneses, chineses, árabes. Enfim, é a síntese das contribuições dos muitos povos que foram excluídos ou que escolheram este território para viver. Estar atento a essa riqueza é fundamental para se entender o papel do ensino religioso em nossos dias.

O PERÍODO HISTÓRICO REPUBLICANO E AS RAÍZES DO MAL-ESTAR DO ENSINO RELIGIOSO NA ATUALIDADE

A passagem do Período histórico Imperial para o Republicano laico, liberal, arreligioso, provoca uma crise também na Igreja e no ensino religioso. A história do ensino religioso é a história do pluralismo e da alteridade negada e, ao mesmo tempo, conquistada, em parte, à custa de muito sacrifício e luta desde o período colonial concebido como uma molécula e embrião de toda a estrutura do ensino religioso na atualidade.

Parte-se, portanto, do princípio de que a realidade atual sofre implicações dos acontecimentos do tempo histórico, permeados por interferências políticas econômicas e sociais desse decurso. As ideias e pensamentos da cultura medieval que foram trazidos para a educação brasileira, fundamentada na ação pedagógica dos jesuítas. Ela é uma espécie de chave de leitura para conhecer a educação nacional e as implicâncias ao ensino religioso.

Ao arrolarmos a temática das relações entre catequese e ensino religioso, tema de estudo histórico-antropológico, na tentativa de consolidar o incipiente processo de compreensão do mal-estar do ensino religioso na atualidade, a volta ao passado revelou sintomas de desassossego que se prolongam na atualidade.

Essa realidade demarca insatisfação no ensino religioso, colocando na mesma arena questões que persistem no interior das buscas e das saídas para as suas crises. Desta forma, as questões de natureza ideológica, política e mesmo teórica mesclam-se nos acenos históricos que revelam as causas das crises dessa disciplina na atualidade. Elas revelam a necessidade de adentrar no período Republicano, pois é nele que se gesta um novo aspecto da crise que persiste até hoje.

Pode-se dizer ainda que, no Período histórico Republicano, está a raiz mais próxima da problemática do ensino religioso da atualidade. Daí desponta a necessidade de detectar nas entranhas desse bloco o contexto e as causas visíveis e invisíveis geradoras do mal-estar que a pesquisa de campo vai desvendar em toda sua amplidão.

Passagem do domínio senhorial para a burguesia agrária

Ainda no Período histórico Imperial dá-se a passagem do domínio senhorial (senhores de engenhos) para a burguesia agrária. Essa mudança é provocada pelas relações sociais de produção capitalistas, introduzidas na grande lavoura cafeeira a partir de meados do século XIX. Essas novas relações produzem mudanças profundas na estrutura econômica, social e política do Brasil.

O capitalismo agrário introduz-se no Brasil como desfecho da condição econômica e da formação social e senhorial gerada pela colonização portuguesa para alimentar o comércio mundial. O sistema senhorial torna-se incapaz de acompanhar a expansão do Brasil; o escravismo já não propiciava uma produção de baixo custo e não acompanhava a demanda crescente do mercado mundial. Essa situação obriga a recorrer a novas práticas econômicas e sociais que não podem efetivar-se sem implicar o desaparecimento de outras práticas econômicas e sociais tornadas ultrapassadas, como o escravismo, a cultura de subsistência de pequena lavoura entre outras.

A mudança política, através dos meios legais, implanta o conjunto social de transformações econômicas e sociais operadas pelo capitalismo agrário, ou seja, a classe social que dirige o processo de produção no centro dinâmico da economia. A burguesia agrária torna-se a classe dominante e dirigente e toma o lugar até então ocupado pela classe senhorial.

Nesse contexto, a burguesia detém a propriedade dos meios de produção e dirige o processo produtivo da grande lavoura e, na indústria, faz surgir novas classes dominadas: os assalariados rurais e os operários que participam do processo produtivo como vendedores de força de trabalho. Já as representações religiosas exercem ainda uma função de apoio da hegemonia burguesa, porque o clero continua tendo a direção da vontade da grande massa, exercendo sobre ela uma direção intelectual e moral.

Indo além da conhecida noção de ideologia de Marx, exposta na *Ideologia Alemã*, Gramsci considera-a não apenas uma visão invertida da realidade, mas também lhe atribui um sentido mais alto de concepção de mundo que se manifesta implicitamente na arte, no direito, na atividade econômica e em todas as manifestações da vida, individual e coletiva. Devido a essa visão ampla da ideologia, nasce o problema de conservar, em todo o bloco social, a unidade ideológica da classe.

A cultura, a filosofia e a política

O iluminismo, o positivismo e o modernismo constituem os fundamentos culturais e ideológicos da burguesia liberal no Período histórico Republicano. A partir de 1750, a Colônia é alvo de transformações administrativas, implantadas pelo Marquês de Pombal, quando é estabelecido uma espécie de Estado totalitário influenciado pelo Iluminismo.

Na segunda metade do século XVIII, intensifica-se a crise do sistema colonial, diante de outros três acontecimentos: a revolução industrial, a revolução americana e a revolução francesa. Ao lado da revolução industrial, dá-se a revolução intelectual. São fortalecidos os ideais de liberdade, inspirados pelo iluminismo, dos quais decorrem as manifestações nativistas, libertárias e abolicionistas em vários pontos do país.

A independência dos Estados Unidos, em 1776, fortalece os sentimentos de liberdade em todo o continente americano. É nesse clima que, pela primeira vez, é proclamada em lei a garantia da liberdade religiosa através da declaração de Virgínia, cuja divulgação acontece em plena Revolução Americana. Essa declaração constitui um elemento importante para a garantia do direito à liberdade religiosa; por outro lado, a revolução francesa marca época pelo seu caráter universal e consequências sociopolíticas que influenciaram todo o mundo ocidental. Ela proclama a declaração dos direitos do homem que também assegura o princípio de liberdade religiosa como direito do cidadão e estabelece a igualdade civil.

A educação religiosa e o ensino religioso são afetados por este novo cenário que vai culminar com a separação entre Igreja e Estado e o fim da hegemonia educacional do catolicismo.

O conflito entre a Igreja Católica e o Estado Imperial e seu desfecho no Período histórico Republicano

A igreja entra em choque com o Império contra o padroado e o regalismo, tendo como suporte a posição "ultramontana" da Igreja de Roma. Thomas Bruneau, em sua análise do colonialismo brasileiro, fala dos vários fatores que provocaram a crise entre Igreja e Estado no Período histórico Imperial e Republicano. Privilegia alguns fatores como:

> o desenvolvimento do ultramontanismo em Roma; suas reverberações entre alguns membros da hierarquia no Brasil; e as reações excessivas do governo imperial. Dessa combinação resultou a Questão Religiosa de 1874 e a separação final entre a Igreja e o Estado. (BRUNEAU, 1974, p. 57).

A separação entre Igreja e Estado foi recebida pelo episcopado brasileiro de forma ambígua. Primeiro, houve uma reação violenta contra o Decreto de Separação e a sua inserção na Constituição de 1891, como se pode ver na Carta de Dom Macedo Costa, líder do episcopado brasileiro. Em seus comentários ao Decreto de Separação, ele afirma o seguinte: "não desejo a separação, não dou um passo, não faço um aceno para que se decrete no nosso Brasil o divórcio entre o Estado e a Igreja" (COSTA, 1888 apud OLIVEIRA, 1985, p. 269).

Oliveira continua dizendo que "na primeira carta pastoral após a separação, os Bispos reafirmam a posição contrária, apoiados no princípio dogmático da Igreja Católica, única e universal, cujo poder, recebido de Cristo, é superior a todos os outros poderes que a ela devem ser submissos" (*Id. ibid.*, p. 270).

Por outro lado, na mesma carta, regozijam-se pela libertação que lhes trouxe o fim do padroado, que sacudiu o jugo que atrelava e submetia a Igreja ao poder temporal. Ainda nessa mesma carta, oferecem colaboração ao Estado, desde que este respeite os seus direitos. Por isso, contraditoriamente, a Igreja quer voltar ao cenário de influência e de privilégios que mantinha no Período histórico Colonial e Imperial, perdido com o advento da era Republicana.

Depois de longo período de reforma e fortalecimento interno, a Igreja volta a recuperar sua influência e parte dos privilégios, através da hábil liderança de Dom Leme, durante o governo de Vargas, que promulgou, em 1934, a segunda Constituição republicana. Nesta, a Igreja Católica é contemplada com vários favores, entre eles a volta do ensino religioso na escola pública, que reaparece de maneira ambígua: obrigatório para a instituição escolar e facultativo para o aluno.

É importante ressaltar que, de modo geral, as crises e o mal-estar acompanham o ensino religioso desde a Colônia, passando para o Império, até a República e ainda rebatem nos dias atuais.

Assim, é facilmente verificável que a Igreja católica, no Período histórico Republicano, entra em crise, mas consegue dar a volta por cima. Há que se citar também a força das religiões e da Igreja Católica: de onde vem e o que mira? Eis a resposta de Gramsci:

> A força das religiões especialmente a Igreja Católica constitui e consiste em que elas sentem energicamente a necessidade de união doutrinal de toda a massa 'religiosa' e lutam para que os estratos intelectualmente superiores não se separem dos inferiores. A Igreja romana sempre foi a mais tenaz na luta para impedir que 'oficialmente' se formem duas religiões a dos 'intelectuais' e a das 'almas' (GRAMSCI, 1975, p. 1380-1381, tradução nossa).

Aponta-se agora outra peculiaridade: por que o Estado laico passa a admitir o ensino religioso no espaço público da escola?

Gramsci vê com muita argúcia a raiz dessa contradição. Em um texto dos *Quaderni,* ele critica o filósofo italiano Benedetto Croce que, como ministro do governo italiano, entra em contradição com seus princípios liberais e antirreligiosos e introduz na escola de primeiro grau (ensino fundamental) "o ensino de religião confessional". E diz que isso acontece porque a ideologia liberal "não consegue se transformar em um elemento pedagógico nas escolas elementares" (*Id. ibid.,* p. 1231-1232, tradução nossa). Essa ideologia não tem capacidade de se expandir nas grandes massas, pois tem um caráter restrito às elites.

Gramsci (*Ibid.*) continua fazendo uma crítica às filosofias imanentes (positivismo, idealismo, liberalismo, iluminismo, laicismo), por não ter capacidade de penetrar nas massas populares. Segundo ele, "uma das maiores fraquezas das filosofias imanentes em geral consiste justamente em não terem sabido criar uma unidade ideológica entre os segmentos inferiores e superiores, entre os ´simples´ e os intelectuais" (*Id. ibid.*, p. 1881, tradução nossa).

Como se vê, na história da civilização ocidental, esse fato verificou-se no âmbito europeu com o fracasso imediato do Renascimento e, em parte, também da reforma, em confronto com a Igreja romana. Essa fraqueza manifesta-se na questão escolar porquanto as filosofias imanentistas nem sequer tentaram construir uma concepção que pudesse substituir a religião na educação infantil. Daí surgiu o sofisma pseudo-historicista pelo qual os pedagogos arreligiosos (aconfessionais) e, na realidade, os ateus, fazem concessão ao ensino da religião, alegando que a religião é a filosofia da infância da humanidade, que se renova em toda infância não metafórica (GRAMSCI, 1975, p. 1381, tradução nossa).

No Período histórico Republicano, após a laicização do Estado e a sua desvinculação da Igreja Católica, teria desaparecido o legado da negação da alteridade que caracterizou a catequese do período colonial?

As várias vicissitudes que marcaram o ensino religioso desde o início do período Republicano até nossos dias, em que ele surge como uma disciplina obrigatória na grade curricular do Ensino Fundamental Público, já teriam produzido um ensino religioso satisfatório na atualidade ou as contradições que marcaram esse ensino na Colônia, no Império e na República continuam coibindo a caminhada em busca de uma concepção dessa disciplina que responda às exigências da atualidade? Essas questões serão objeto dos capítulos segundo e terceiro.

O ENSINO RELIGIOSO NA ATUALIDADE: A INSATISFAÇÃO REVELADA NOS DADOS DA PESQUISA

Este capítulo apresenta a metodologia adotada para atingir o objetivo de localizar os pontos responsáveis que afligem o ensino religioso na atualidade.

INSTRUMENTOS DE PESQUISA

Para localizar a inquietação no ensino religioso, a pesquisa de campo foi o instrumento utilizado para a coleta de dados. Ela foi convalidada em seis momentos, por meio de quatro procedimentos metodológicos de investigação: entrevista semiestruturada, questionário fechado, questionário misto e o questionário aberto.

Em todas as etapas da pesquisa, procuramos fazer emergir diretamente dos procedimentos adotados as informações que nos permitissem localizar os principais pontos em torno dos quais aparecem elementos indicadores do mal-estar no ensino religioso. Neste sentido, entendemos que a entrevista apresentou-se como uma técnica adequada ao nosso objeto de estudo.

O critério de escolha dos informantes deveu-se à vinculação mais significativa com o conteúdo investigado: pais, diretores de escolas, professores e alunos. Os informantes autorizaram o uso dos dados sob a condição de permanecerem no anonimato.

ENTREVISTA SEMIESTRUTURADA[1]

Ao iniciar a busca dos dados sobre o mal-estar do ensino religioso, a entrevista semiestruturada constituiu um canal eficaz para situar e dar continuidade ao processo investigativo das informações relativas aos sintomas de mal-estar do ensino religioso.

Partimos de um roteiro previamente elaborado com perguntas abertas que permitiram detectar informações contidas na fala dos professores entrevistados, sujeitos da pesquisa, que vivenciam a realidade. A forma de realização foi de natureza individual, com perguntas básicas do tema a ser investigado.

Essa dinâmica, que envolve a coleta de dados referentes ao ensino religioso no Brasil, captou pontos relevantes que permitiram compreender as tendências de origem que permanecem no ensino religioso na atualidade. Os pontos de maior incidência e ênfase foram colhidos de três entrevistados, professores do ensino religioso, que apresentaram questionamentos vinculados à forma de se conceber a temática do art. 33 da LDB, n. 9.394/96 quanto ao seu ajustamento à prática escolar.

As formas de conceber, interpretar e aplicar os dispositivos da lei que regulamenta o ensino religioso, segundo a concepção dos entrevistados, podem provocar resultados inesperados. Eles entenderam que a maneira como o ensino religioso é contemplado na LDB provoca uma cascata de pontos negativos na vida do educando e na instituição escolar, em razão do modo pelo qual é conduzida a disciplina, ou seja, obrigatória para a escola e facultativa para o aluno.

Dessa maneira, recorrentes opiniões acompanharam a temática em questão e enfatizaram a necessidade de se compreenderem a natureza da Lei e os objetivos da mesma. Os entrevistados apresentaram a necessidade de estudar, compreender e aprofundar a Lei para sua efetividade em seus objetivos propostos.

---

1 Para Triviños (1987, p. 146) "a entrevista semiestruturada tem como característica questionamentos básicos que são apoiados em teorias e hipóteses que se relacionam ao tema da pesquisa. Os questionamentos dariam frutos a novas hipóteses surgidas a partir das respostas dos informantes. O foco principal seria colocado pelo investigador-entrevistador".

Conforme os entrevistados, há uma inadequação da Lei em relação à prática escolar, bem como há necessidade de se esclarecer o papel do ensino religioso na escola como disciplina regular. Sobressai nos relatos um alerta para o risco de se colocar o ensino religioso na grade curricular, preterindo sua especialidade.

A questão da *nomenclatura* é outro sintoma de inquietação do ensino religioso. Constatou-se na fala dos entrevistados que o nome "ensino religioso" causa conflito. Sua interpretação parece estar longe do que preconiza a lei, "Ensino" – Como ensinar religião?

Esse nome, segundo o que relata uma entrevistada, passa uma visão de "ensinar religião". Isto pode lembrar ensino de uma religião. Os entrevistados mostram-se incomodados em relação à nomenclatura, porque sua interpretação pode conduzir à escolha de temas e abordagens específicas de um determinado segmento religioso, situação bem diversa do que se pretende com o ensino religioso na escola.

É interessante considerar que essa nomenclatura vem acompanhando a história do ensino religioso no Brasil, conforme cada um dos desdobramentos específicos de cada período histórico. Todavia, na atualidade, o ensino religioso necessita ser visto sob outro prisma.

Verifica-se também outro aspecto de extrema relevância. A entrevista apresentou pontos positivos quanto ao ensino religioso. Ele permite um novo olhar sobre as religiões; leva o educando a cultivar a própria religião, a respeitar a religião do outro. Ademais, é indispensável para a formação humana; permite o resgate de valores e buscar nossas raízes culturais, avivar a fé e a esperança no humano. Os conteúdos do ensino religioso, quando bem aprofundados e pedagogicamente trabalhados, ajudam a promover a paz na sociedade, constroem esperança no educando e dão a ele sentido e respeito à vida.

Ao indagar sobre possíveis fatores que contribuem para detectar a autoimagem do profissional, aspecto que poderia configurar a presença de mal-estar, as aulas de ensino religioso aparecem como sintoma de mal-estar quando ministradas por pessoas que não conhecem os conteúdos programáticos, o que faz supor proselitismo.

As entrevistas acenaram também para as dificuldades salariais enfrentadas no exercício da profissão. Sendo assim, podemos inferir que, ao oportunizar um novo olhar sobre as religiões, este requer um diálogo com diferentes saberes para compreender o próprio universo.

A carência de material com linguagem apropriada e conteúdos específicos constitui uma das fontes de preocupação do professor de ensino religioso. O professor defronta-se ainda com dificuldades relativas ao conceitual epistemológico e com os limites ideológicos de nossa cultura, profundamente influenciada pelo Cristianismo, estabelecendo, assim, uma tendência de volta à catequese.

Observa-se, nas manifestações dos professores, que as exigências da LDB provocaram a necessidade de estudos e aperfeiçoamento na área, oportunizando um novo olhar sobre a disciplina no contexto do atual pluralismo religioso. Frente a isso, as investigações revelaram impasses e dilemas vivenciados pelos professores de ensino religioso, diante das formas plurais de culturas, às quais essa disciplina não consegue se adequar, por manter, ainda, a herança e o mito da homogeneidade.

Conforme se pode depreender destas observações, faz-se urgente a produção de material apropriado com linguagem acessível e que aborde conteúdos capazes de auxiliar na elaboração do planejamento do ensino religioso com objetivos claros, para uma programação que leva ao conhecimento e respeito a todas as religiões e filosofias de vida.

Mediante as colocações dos entrevistados, somos levados a deduzir que não é fácil traçar uma diretiva para o ensino religioso, que seja capaz de superar o proselitismo, conforme requer a laicidade do Estado brasileiro, pois, por meio da história, sabemos da experiência de Deus feita de diferentes maneiras por diferentes pessoas, como é o caso de Catarina de Sena, São Francisco, Santo Antônio e outros.

Todas essas pessoas possuem a mesma experiência do transcendente, mas cada uma dentro de sua especificidade, levadas a uma única transcendência. Os copos eram diferentes, mas a água era a mesma. Sendo assim, é viável pensar que o profissional de ensinar religião necessita ter conhecimento dos conteúdos específicos da disciplina, contato com o Transcendente e primar pela dignidade e respeito com as pessoas.

QUESTIONÁRIO FECHADO – DIRETORES DE ESCOLAS, ESTUDANTES E PAIS

A pesquisa de campo constituiu um instrumento de investigação para dar prosseguimento e fazer emergir as informações que nos permitissem localizar os principais sintomas, em torno dos quais aparecem elementos indicadores do mal estar no ensino religioso.

Neste sentido, o questionário fechado apresentou-se como a técnica adequada para um olhar mais cuidadoso e vasculhador sobre nosso objeto de estudo. Em todas as etapas da pesquisa, o critério de escolha dos informantes deveu-se à vinculação mais significativa que têm com o problema investigado: pais, diretores de escolas, professores e alunos.

Nessa localização do mal-estar no ensino religioso, a pesquisa de campo foi convalidada por meio de quatro procedimentos metodológicos de investigação: questionário fechado, questionário misto e o questionário aberto, como os dados que seguem apresentam:

QUESTIONÁRIO: DIRETORES DE ESCOLAS ESTADUAIS

1. O ensino religioso em sua escola:	Sim	%	Não	%
a) Favorece a harmonia entre os alunos?	21	70	9	30
b) Ajuda no plano político--pedagógico da escola?	15	50	15	50
c) Provoca atitude de respeito e diálogo?	24	80	6	20
Total das respostas:	60	67	30	33

Figura 1 – Aspectos positivos e negativos do ensino religioso na escola

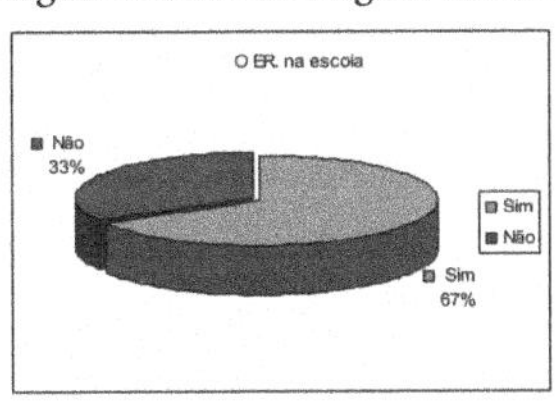

2. Os conteúdos de ensino religioso discutidos nas aulas são:	Sim	%	Não	%
a) Temas atrativos?	13	43	16	53
b) Correspondem às expectativas dos estudantes?	16	53	14	47
c) Provocam interesse pela Religião?	10	33	20	67
Total das respostas:	39	43	51	55

Figura 2 – Conteúdos discutidos nas aulas de ensino religioso

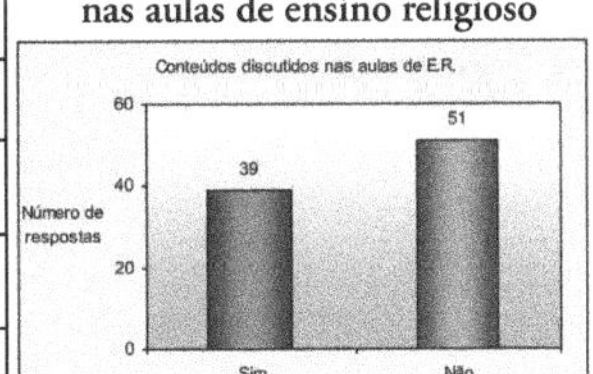

3. O ensino religioso na vida dos alunos:	Sim	%	Não	%
a) Desperta o desejo de aprofundar a própria religião e conhecer as outras?	18	60	12	40
b) Desencadeia certo interesse frente à própria religião?	17	56	12	40
c) É desejado e se torna necessário?	22	73	8	27
Total das respostas:	57	63	32	36

Figura 3 – O ensino religioso na vida dos alunos

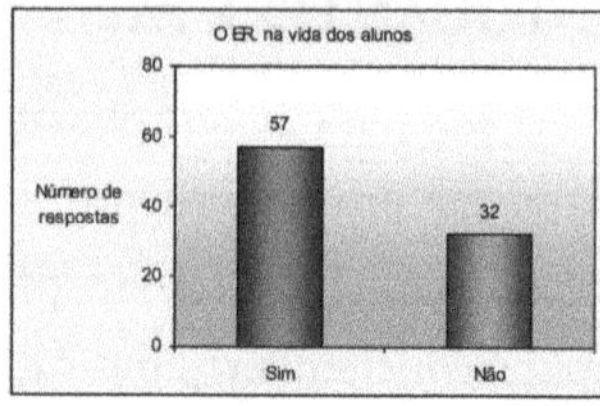

4. O ensino religioso na vida da Comunidade:	Sim	%	Não	%
a) Tem sua nova proposta curricular, conhecida?	8	27	22	73
b) A comunidade questiona essa nova proposta?	6	20	24	80
c) A comunidade está satisfeita com o ER?	21	70	9	30
Total das respostas:	35	39	55	61

Figura 4 – O ensino religioso na vida da comunidade

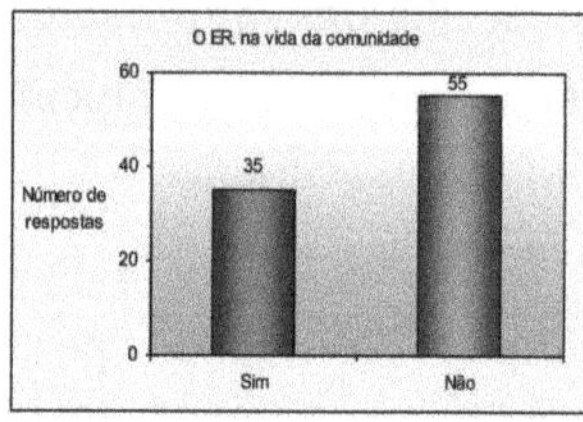

QUESTIONÁRIO: ESTUDANTES DO ENSINO FUNDAMENTAL

1. Seu relacionamento com os pais é:		%
Ótimo:	31	59,6
Bom:	14	26,9
Regular:	5	9,6
Difícil:	2	3,3
Total das respostas:	52	100

Figura 5 – Influência do ensino religioso na família

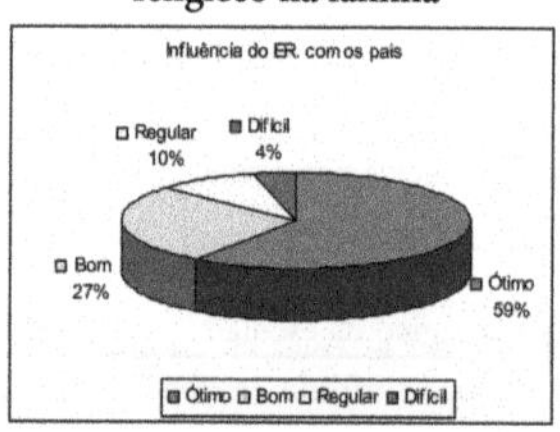

2. Quem mais colaborou até agora para a formação de sua vida?		%
1. Os pais	30	57,7
2. Os professores de ensino religioso	8	15,6
3. Os amigos	10	19,2
4. A Igreja	4	7,5
Total da Respostas:	52	100

Figura 6 – Quem mais influenciou a formação do aluno para a vida

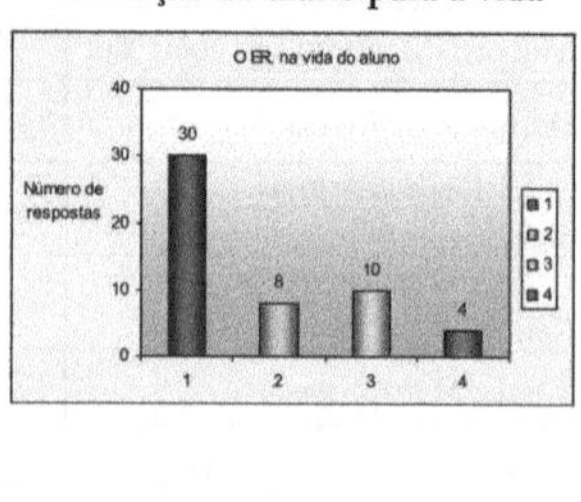

3. Quanto aos conteúdos de ensino religioso discutidos na aula:	Sim	%	Não	%
a) Ajudam a entender melhor sua religião?	35	67	17	33
b) Há temas cansativos?	36	69	16	31
c) Suscitam desinteresse em seguir sua religião?	30	58	22	42
Total das respostas:	101	65	55	35

Figura 7 – Aspectos positivos e negativos do ensino religioso discutido em sala de aula

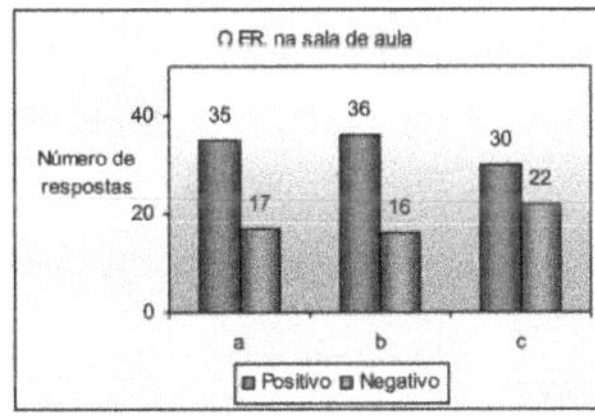

4. O ensino religioso em sua vida:	Sim	%	Não	%
a) Despertou para o diálogo e respeito consigo e com os outros?	40	77	12	23
b) Melhorou o diálogo com os pais?	28	54	24	46
c) Despertou para o sentido da vida?	34	65	18	35
Total das respostas:	102	65	54	35

Figura 8 – O ensino religioso na vida do estudante

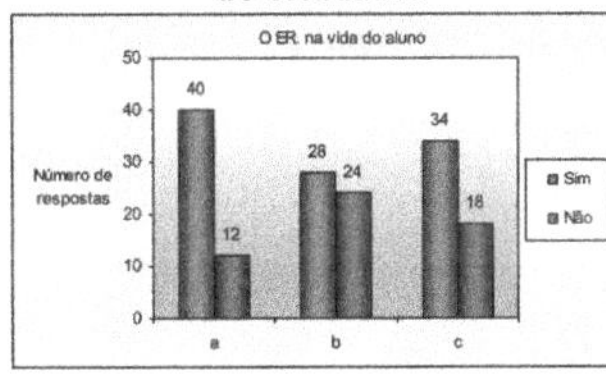

Questionário: Pais de alunos

1. Qual sua opinião quanto à eficácia do ensino religioso que seu filho recebe na escola:	Sim	%	Não	%
a) Oferece pistas para enfrentar os problemas da vida?	9	39	14	61
b) Leva a respeitar a religião do outro?	16	70	7	30
c) Ajuda a amar a própria religião?	11	48	12	52
d) O ensino religioso, como ministrado, é bom?	21	91	2	87
Total das respostas:	57	62	35	57

Figura 9 – O ensino religioso na escola

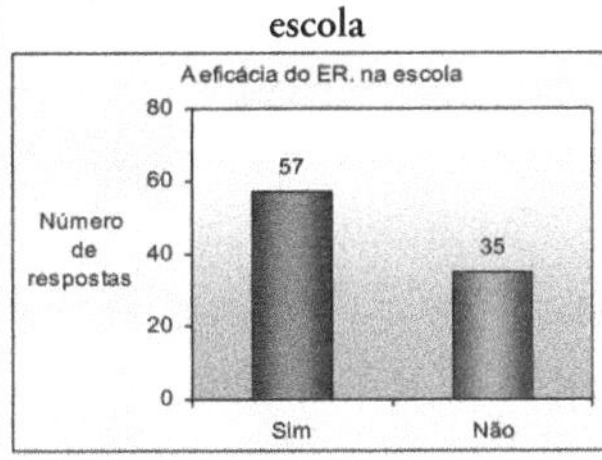

2. Quanto à influência na sua família, o ensino religioso:	Sim	%	Não	%
a) Provoca interesse em conhecer mais a Religião?	15	65	8	35
b) Favorece o diálogo na Família e na Comunidade?	13	57	10	43
c) Permite consolidar a prática da própria religião?	19	83	4	17
Total das respostas:	47	68	22	32

Figura 10 – A influência do ensino religioso na família

Interpretação dos dados do questionário fechado

O questionário fechado, realizado com pais de alunos do ensino fundamental, diretores de escola e alunos teve por finalidade dar prosseguimento à identificação de pontos que ocasionaram desassossego no ensino religioso.

Na 1ª questão, "Eficácia do ensino religioso", os aspectos positivos montaram a 57 das respostas. Entende-se que os pais confirmam a eficácia do ensino religioso no respeito pela religião do outro e no amor à própria religião, sendo este resultado considerado bom. As 35 respostas negativas evidenciam que a eficiência desta disciplina vem sendo atingida em termos razoáveis.

A 2ª questão, "Ensino religioso na família", no subitem C, demonstrou que a maioria dos respondentes acredita que o ensino religioso permite consolidar a prática da própria religião. Isto mostra que, apesar da ambiguidade da legislação, item também apontado nas entrevistas, o ensino religioso vem alcançando seus objetivos de maneira satisfatória.

Com os diretores das escolas de ensino fundamental, buscamos identificar dados que revelassem as causas do desassossego no ensino religioso. Na 1ª questão, "Ensino religioso em sua escola", ficou visível nos três quesitos pesquisados um aspecto positivo de 67%, enquanto o aspecto negativo foi 33%.

Quanto à questão "Os conteúdos de ensino religioso discutidos nas aulas" (2ª questão), os aspectos positivos revelaram-se em 39 respostas, e os negativos em 51 respostas.

É preciso destacar, porém, que 55% dos entrevistados "não acham os temas atrativos", e que 67% do total de respondentes acreditam que os conteúdos ministrados em sala de aula "não provocam interesse pela religião". Pode-se inferir, então, que os conteúdos carecem de melhor direcionamento, considerando-se que 51% das respostas obtidas apontaram para falhas no ensino religioso, no que diz respeito à influência deste na vida dos alunos, contraponto às apenas 39 respostas positivas, ou seja, que consideram os temas atrativos, portanto, adequados à disciplina e suas metas no processo de ensino aprendizagem.

Na 3ª questão, "O ensino religioso na vida dos alunos", observou-se uma relevância indiscutível da disciplina na vida dos alunos, uma vez que os aspectos positivos representaram 57 das respostas positivas, enquanto as negativas somaram apenas 32. Evidencia-se nesta questão o quesito C, o "ensino religioso é desejado e se torna necessário", que alcança 73% de confirmação positiva.

Todavia, outro dado a ser considerado é que "O ensino religioso na vida da comunidade" apresenta 55 respostas negativas, número muito superior aos positivos, que obteve apenas 35 respostas. Há de se observar que o "vilão" dessa questão foram os itens (a) e (b), desconhecimento da nova proposta curricular, introduzida pelo artigo 33, da LDB em sua nova versão, que apresentou uma nova dinâmica no ensino religioso.

Os dados apontam que, para os diretores, a comunidade aprova e está satisfeita com o ensino religioso na escola (70%), no entanto, as respostas a esta mesma questão deixam transparecer que eles sentem-se incomodados, porque a comunidade nem conhece e nem questiona a nova proposta.

As respostas obtidas do *questionário dos estudantes* evidenciaram resultados importantes quanto ao "Relacionamento com os pais", pois 86% dos respondentes classificam esse relacionamento entre ótimo e bom.

Na questão sobre "Quem mais colaborou na formação em sua vida", 58% dos alunos entrevistados atribuíram esse aporte aos pais, 19% aos amigos e 16% aos professores. A Igreja apareceu com 7,5% de influência na formação desses educandos.

Em relação aos "Conteúdos do ensino religioso" (3ª questão), os pesquisados afirmaram que, apesar de os conteúdos trabalhados em sala de aula serem um tanto ou quanto cansativos, eles ajudam a entender melhor a própria religião.

Cabe ressaltar que, na questão três, subitem C, há equilíbrio numérico nas respostas, porém, com visões bem diferentes, ou seja, 58% dos alunos afirmaram que os conteúdos suscitam desinteresse no seguimento da própria religião, enquanto que, no questionário aplicado aos pais, 83% deles responderam na (2ª questão) não haver desinteresse dos filhos. Aliás, segundo os genitores, o ensino religioso permite consolidar a prática da própria religião.

Causaram-nos surpresa as respostas à questão 4, "A Influência do ensino religioso na vida do aluno", pois 77% dos entrevistados acreditam que o ensino religioso despertou para o respeito consigo próprio e aos outros.

Pode-se afirmar, a partir da interpretação dessas respostas, que o ensino religioso tem contribuído de forma especial na formação do caráter dos estudantes e no que concerne ao seu relacionamento com as outras pessoas, ao respeito a si e ao próximo. Também influencia no diálogo com os pais e desperta os alunos para o sentido da vida.

Emergiu dos questionários dos pais, diretores e alunos uma dissensão a respeito dos diferentes aspectos visados pela pesquisa de campo. As respostas contidas nesses instrumentos de sondagem permitiram coletar dados referentes aos mal-estares do ensino religioso.

Ao interpretarmos as informações e confrontá-las com os resultados dos demais instrumentos de pesquisa, notamos que em determinadas situações elas apresentam-se aparentemente contraditórias.

Na opinião dos pais, os conteúdos do ensino religioso, tais como são ministrados na escola, são bons. Contudo, as respostas dos estudantes revelam que os conteúdos do ensino religioso não despertam interesse pela disciplina nem em seguir a própria religião. Os diretores, quando questionados sobre o mesmo tema, afirmaram que os conteúdos não correspondem às expectativas dos estudantes e 67% deles afirmam que os conteúdos de ensino religioso não provocam interesse pela religião.

As respostas dos três instrumentos de pesquisa levam a acreditar que, apesar das referências desfavoráveis em relação aos conteúdos, o ensino religioso enseja valiosas contribuições especificamente no que concerne ao relacionamento dos educandos com os pais e amigos e, também, com a comunidade.

Os questionários fechados apontaram para a necessidade de produção de conhecimento por meio de pesquisas e estudos que desvelem as informações sobre as causas dos mal-estares do ensino religioso. Com efeito, é preciso proporcionar um conhecimento que avance no modo de apreensão das formas de pensar, sentir e agir dos professores de ensino religioso. Faz-se, então, necessário explicitar esses mal-estares, fato que remeteu à aplicação do questionário misto.

QUESTIONÁRIO PROFESSORES DE 15 ESTADOS

Figura 11 – No mapa, a relação e localização dos Estados onde obtivemos dados sobre o ensino religioso mediante os informantes da pesquisa que responderam ao questionário misto.

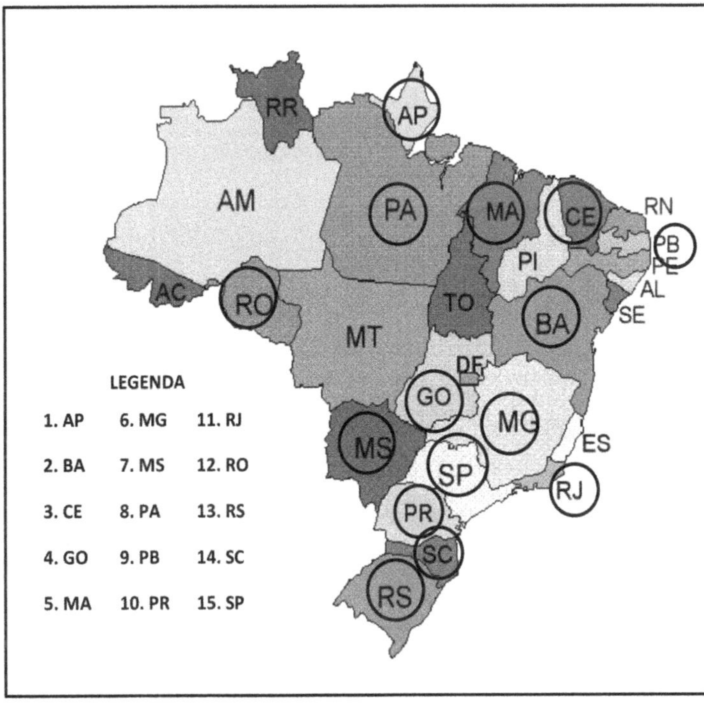

Conteúdo programático de Ensino Religioso

1ª Questão: Como você vê o E.R. quanto à:	Ótimo	%	Bom	%	Regular	%	Ruim	%
a) Clareza:	9	16	29	52	17	30	1	2
b) Abrangência:	9	16	31	55	14	25	2	4
c) Eficácia:	7	13	31	55	17	30	1	2
Total das respostas:	25	15	91	54	48	29	4	2

Figura 12 – Conteúdo programático do ensino religioso

Aceitação na grade curricular

2ª Questão:	Sim	%	Com ressalva	%	Não	%
a) A disciplina é aceita na unidade escolar?	40	71	16	29	0	0
b) A Disciplina é aceita pelos alunos?	45	80	10	28	1	2
Total das respostas:	85	76	26	28	1	1

Figura 13 – Aceitação na grade curricular

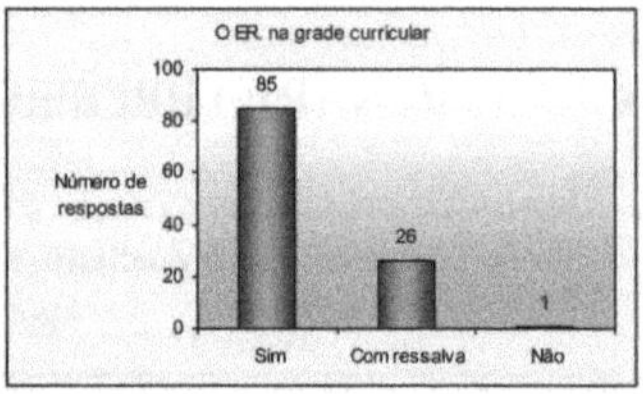

Recursos pedagógicos disponíveis

3ª Questão	Sim	%	Não	%	Às vezes	%	Nunca	%
a) Existem recursos adequados?	19	34	29	52	5	9	3	5
b) Há interesse na aquisição dos mesmos pela escola?	18	32	11	20	14	25	13	23
c) E pelo Estado?	19	34	4	7	20	36	13	23
Total das respostas:	56	33	44	26	39	23	29	17

Figura 14 – Recursos pedagógicos disponíveis

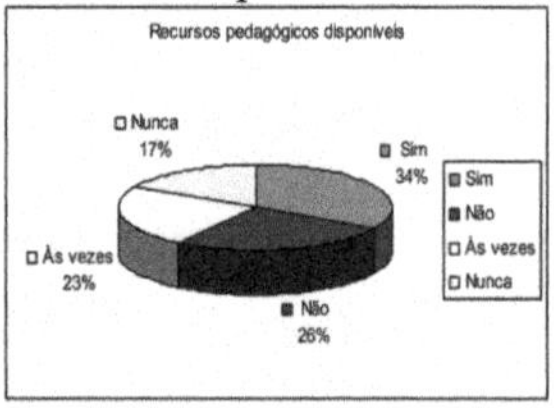

A receptividade do ensino religioso na vida dos alunos

4ª Questão:	Sim	%	Não	%	Às vezes	%
a) Os alunos são receptivos à Disciplina?	18	32	35	63	3	5
b) A Disciplina tem contribuído para o aprimoramento dos valores humanos?	31	55	20	36	5	9
c) A Disciplina tem propiciado o respeito à alteridade e a boa convivência?	29	52	22	39	5	9
Total das respostas:	8	46	77	46	13	28

Figura 15 – A receptividade do ensino religioso na vida dos alunos

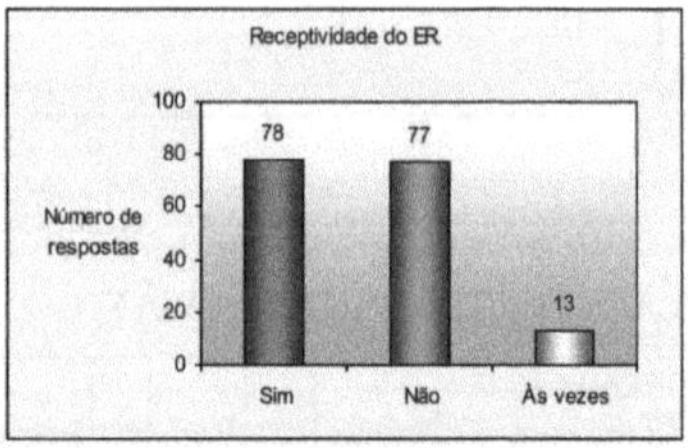

Interpretação dos dados do questionário misto

O questionário misto prosseguiu no mesmo objetivo da entrevista e do questionário aberto: detectar as insatisfações no ensino religioso. Ficou evidenciado que esse questionário foi aplicado com o propósito de captar, ampliar e aprofundar a gama de informações já obtidas com os instrumentos anteriores. Todavia, a partir da leitura daqueles dados, percebemos dissensões em alguns aspectos que exigem mais esclarecimento.

Fez-se, portanto, necessário buscar um meio que nos remetesse a um processo de aglutinação de indicadores, pela sua similaridade e complementaridade ou contraposição, de modo a nos levar a uma melhor indicação, que nos permitisse individualizar e localizar os principais mal-estares no ensino religioso.

As pesquisas anteriores, em seu processo de aglutinação, revelaram dados com informações aparentemente discordantes; não obstante, apresentaram uma visão geral do ensino religioso, com resultados surpreendentes.

No questionário misto, foi possível observar que, em relação ao *Conteúdo programático,* o ensino religioso mostrou-se eficiente em todos os aspectos pesquisados, com 69% de respostas obtidas entre ótimo e bom. As respostas *regular* e *ruim* apresentaram quase um terço das frequências, o que representou menor efetividade, pois revela uma porcentagem relativa de respostas a serem consideradas.

A questão "aceitação na *grade curricular*" demonstrou que o ensino religioso está integrado, com 85 respostas positivas. As ressalvas ou insatisfações somam 27 respostas.

Quanto aos *"recursos pedagógicos disponíveis"* (3ª questão), a pesquisa revelou deficiência na disponibilidade dos recursos e no interesse na aquisição deles, o que significa que aí está uma das fontes de mal-estar. Nessa questão, quanto às indicações, a pesquisa revela um alto índice de resultados negativos ou duvidosos.

Na receptividade do ensino religioso na vida dos alunos, a pesquisa evidenciou que os alunos, em sua maioria, não são receptivos à disciplina de ensino religioso; 35 assinalaram "não" e 18 "sim". Todavia, esse dado parece contraditório, pois 55% afirmam, na mesma questão, que a disciplina tem contribuído para o aprimoramento dos valores humanos, com 31 respostas "sim" e 20 "não"; acrescenta-se, a esse número, as duvidosas, com 13 respostas.

Em termos de *realização profissional*, as respostas positivas (ótimo e bom) indicam 79%. As respostas insatisfatórias (regular e ruim), entretanto, não são desprezíveis, pois indicam insatisfação e mal-estar em 21% dos respondentes.

Na questão referente ao mal-estar no ensino religioso (6ª questão), a demonstração gráfica evidenciou que todas as questões consideradas são, de forma geral, igualmente importantes, haja vista a frequência das respostas.

Os pontos de conflito referem-se aos subitens (3), falta de conhecimento da legislação aplicável; ao item (6), carência de material didático específico para a disciplina de ensino religioso; item (10), concessão de aulas a profissionais não qualificados; e (7), insuficiência diretiva da legislação. Os itens (3) e (7) permitem localizar outro sintoma de mal-estar decorrente do desconhecimento da legislação aplicável e insuficiência diretiva da legislação.

Novamente a pesquisa, quanto aos aspectos de desassossego, apresenta pontos que merecem especial atenção (7ª questão), principalmente o item (5), *desconhecimento da lei,* que se apresentou como o vilão do quesito (7), seguido pelo (3), *formação específica para o professor de ensino religioso,* que obteve um índice elevado de respostas. A surpresa fica por conta do subitem (4), *ausência de interesse dos pais,* que indica, pela frequência das respostas, o menor índice de importância do quesito. Este último dado parece entrar em conflito com os dados do item 1, da questão 2, do questionário aplicado aos pais, no qual os genitores aparecem como os que mais influenciam na vida dos filhos.

A *legislação aplicável* (8ª questão), com apenas 18% das respostas favoráveis e 82% das respostas desfavoráveis "*não" e "em parte",* além de confirmar os dois itens anteriores (questão 6, item 3) e (questão 7, item 5), coloca em relevo o mal-estar específico no que concerne à legislação aplicável ao ensino religioso.

Finalmente, as justificativas às respostas "sim" ou "em parte", no enunciado da questão 8b, revelam indicações que possibilitaram detectar pontos de mal-estar. As respostas apontaram para a complexidade da legislação em vigor, mais especificamente para a necessidade de maior conhecimento da LDB, no aspecto que orienta o ensino religioso em sua aplicabilidade. As questões compiladas evidenciaram também desassossego no que se refere à formação específica do professor de ensino religioso.

Com o objetivo de fazer emergir novas leituras, obtendo mais clareza e/ou confirmação das questões já reveladas nos instrumentos de pesquisa, aplicou-se um questionário aberto a profissionais com formação específica em Ciências da Religião.

QUESTIONÁRIO PROFESSORES: CIÊNCIAS DA RELIGIÃO

Realização profissional

5ª Questão: Como você se sente como professor(a) de E.R., no que concerne à:	Ótimo	%	Bom	%	Regular	%	Ruim	%
a) Satisfação pessoal:	34	61	18	32	4	7	0	0
b) Valorização como profissional perante os demais professores:	16	29	17	30	22	39	1	2
c) Capacitação pessoal para o exercício da função:	20	36	31	55	5	9	0	0
d) Disponibilidade de oportunidades para o aperfeiçoamento profissional:	14	25	27	48	9	16	6	1
Total das respostas:	84	38	93	41	10	18	2	3

Figura 16 – Realização profissional

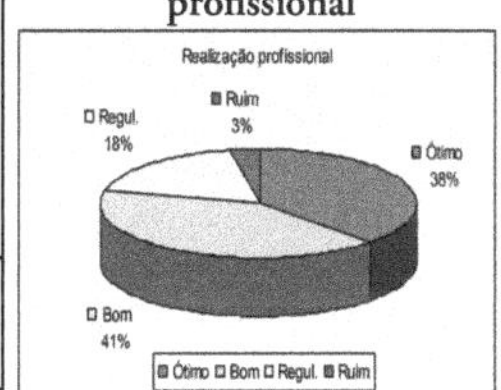

Mal-estar no ensino religioso

6ª Questão: Assinale no rol das questões abaixo, quais os principais problemas que você detecta no ER.	Número de respostas	%
1) Falta de valorização da disciplina, pela instituição de ensino.	22	6
2) Pouca valorização do professor, como profissional da educação.	30	9
3) Falta de conhecimento da legislação aplicável.	47	13
4) Ausência de uma programação efetiva de aprimoramento profissional por parte da Instituição de ensino.	35	10
5) Proposta curricular estadual confusa.	29	8
6) Carência de material didático específico para a disciplina.	39	11
7) Insuficiência diretiva da legislação.	37	11
8) Remuneração não condizente com o esforço:	29	8
9) Falta de incentivo familiar na formação religiosa dos filhos:	25	7
10) Concessão de aulas de ER. a profissionais não qualificados:	38	11
11) Interferência político-administrativa na coordenação da Disciplina:	19	5
Total das respostas:	350	100

Figura 17 – Problemas no ensino religioso

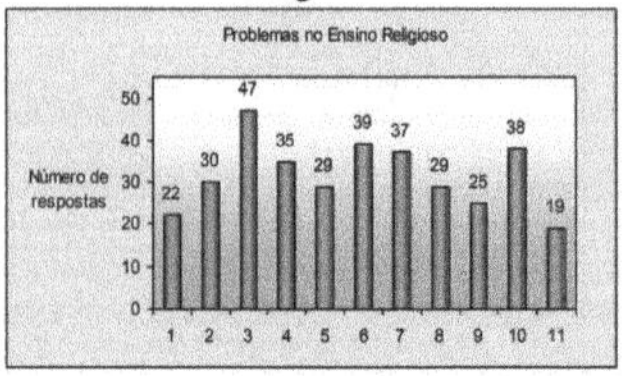

Pontos que merecem atenção especial

7ª Questão: Você percebe um mal-estar em ensino religioso? Caso afirmativo, em quais situações?	Número de respostas	%
1) A importância da disciplina na grade curricular:	32	13
2) Obtenção de recursos didáticos:	26	11
3) Formação específica do professor de ER	41	17
4) Ausência de interesse dos pais:	18	7
5) Desconhecimento da Lei:	47	19
6) Clareza do papel das instituições no que diz respeito, à legislação aplicável ao ER.	34	14
7) Na competição entre as religiões:	22	9
8) No desrespeito quanto à liberdade religiosa:	26	11
Total das respostas:	246	100

Figura 18 – Percepção do mal-estar no ensino religioso

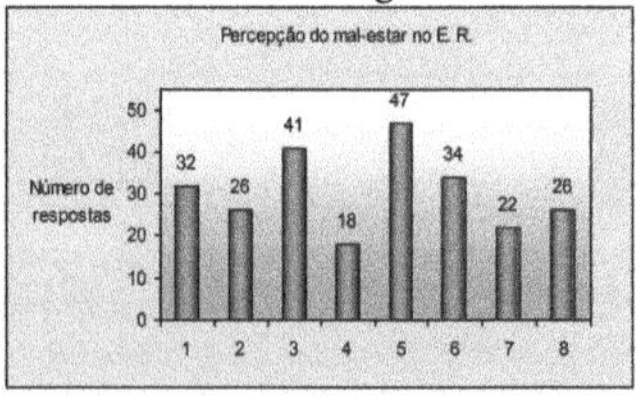

Legislação aplicável

8ª Questão: As exigências consideradas na Lei n. 9.475, de 22/07/1997, no seu artigo 33, estão sendo cumpridas?	Sim	%	Não	%	Em parte	%
Total das respostas:	10	17,8	18	32,1	28	50,1

Figura 19 – Cumprimento da LDB

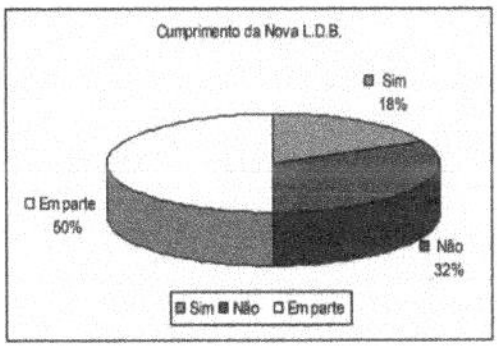

Pontos que indicam crises no ensino religioso

9ª Questão:	Número de respostas
1) Clareza do papel das instituições.	5
2) Maior conhecimento da Lei	14
3) Valorização do professor.	10
4) Material específico para o ER.	6
5) Participação do CORER e CONER	1
6) Mudança de nomenclatura	5
7) Formação dos professores	15

Figura 20 – Pontos que indicam mal-estar

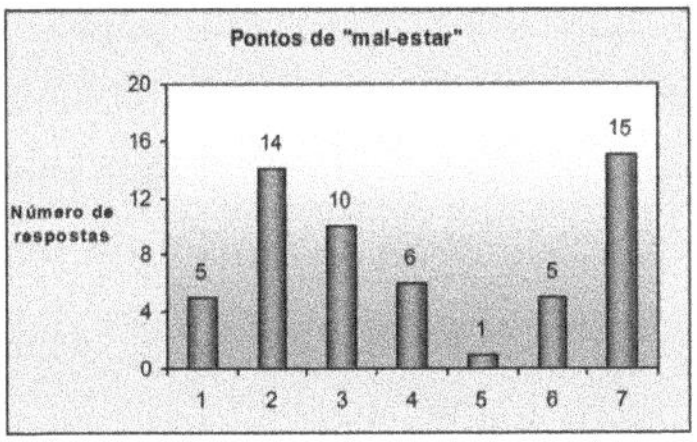

Interpretação: questionário aplicado a profissionais com formação em Ciências da Religião

O questionário aplicado a profissionais com formação em Ciências da Religião constituiu uma importante ferramenta para convalidar, aprofundar e ampliar o processo investigado, inerente ao desassossego do ensino religioso.

Dessa maneira, consideramos altamente positivo o uso desses vários instrumentos na pesquisa, por nos permitirem a síntese, visando a sua apropriação. Ao convergirem para os mesmos pontos, proporcionaram segurança para identificar aspectos que apareceram nas pesquisas com maior incidência

Diante da variedade de situações identificadas na pesquisa de campo, fez-se necessário um recorte que possibilitou aglutinar questões pela similaridade e complementaridade.

As pesquisas revelaram vários outros pontos de desassossego, dentre os quais a necessidade de material didático, que contemple questões ligadas às várias religiões, com linguagem não centrada em uma determinada denominação religiosa, que obteve alto índice de respostas. Vale lembrar que a temática, "formação do professor de ensino religioso", não se apresentou como questão nova, pois também se detectou como ponto sintomático nos demais instrumentos utilizados na pesquisa.

Portanto, as respostas contidas no questionário aberto confirmam situações já reveladas nos instrumentos de pesquisa aplicados anteriormente. À medida que as perguntas vão sendo feitas diversas vezes, é que se torna possível avaliar criticamente a investigação com garantia de confiabilidade e legitimidade de resultados.

Nessa ação, identificaram-se dois núcleos significativos, como pontos importantes, que se apresentaram com maior incidência nos instrumentos de pesquisa, constituindo-se, em prévia avaliação, como fatores preponderantes dos mal-estares no ensino religioso: a) as implicações da Nova LDB ao ensino religioso; b) a formação docente.

Como se pode constatar, as pesquisas utilizadas detectaram também pontos positivos. Todavia, a incidência maior, revelada nos vários instrumentos, recaiu sobre dois pontos principais que constituem objeto de análise do quarto capítulo.

A LEGISLAÇÃO SOBRE O ENSINO RELIGIOSO E A FORMAÇÃO DOS PROFESSORES: DOIS TÓPICOS DE MAIOR INCIDÊNCIA DO MAL-ESTAR

O presente capítulo tem por finalidade analisar dois dos itens do mal-estar do ensino religioso que despontaram dos dados colhidos na pesquisa de campo, constantes no terceiro capítulo.

A radiografia revelou um vasto panorama de insatisfações, ao lado, também, de avaliações positivas. No entanto, como o objeto desta pesquisa é apontar os pontos de conflito que incidem sobre essa disciplina, fixamos, neste momento, nosso olhar nos pontos nevrálgicos que causam o mal-estar no ensino religioso.

Para efeito de análise, discussão e interpretação, selecionamos dois itens que revelam mal-estar que apareceram com mais frequência nas entrevistas e nos questionários. A legislação sobre o ensino religioso e a formação dos professores: dois tópicos de maior incidência, que caracterizam e constituem os pontos mais graves que afetam a saúde da referida disciplina.

A LEGISLAÇÃO BRASILEIRA: FONTE DE INQUIETAÇÃO

A legislação brasileira, na opinião dos entrevistados, constitui uma fonte de inquietação. A explicação desse dado requer uma retrospectiva da realidade histórico-educacional brasileira, objetivando localizar o desassossego provocado pela lei, no que diz respeito ao ensino religioso no âmago da conjuntura política e histórica do

Brasil, inserido na periodicidade que convencionamos chamar de Blocos Históricos.

A legislação transposta para o ensino religioso é uma herança estrutural significativa, ampla, complexa, tecida pelos acontecimentos relacionados com os interesses políticos, econômicos e culturais, decorrentes de diferentes concepções, presentes na matéria constitucional. São diferentes visões, por vezes contraditórias, inseridas na mesma disposição legal. A lei contribui significativamente no processo do conhecimento da história do ensino religioso no país e possibilita aprofundar a compreensão da política educacional que permeia o ensino religioso.

A pluralidade de concepções pede um procedimento prudente por parte do pesquisador que pretende analisar o contexto em que foi elaborada a legislação. É o que alerta Milton C. P. Amador, ao afirmar que "a legislação não se autoexplica e o texto da lei não é de modo imprescindível revelador de seus reais propósitos". Seguindo essa linha de pensamento, Amador analisa a legislação, tendo presentes os contextos ideológico, econômico e político que deram sustentação às políticas públicas, e lembra:

> A educação brasileira e sua legislação são compostas de ideologias que estão presentes em todos os seus aspectos e representam, de forma incisiva, os interesses políticos e econômicos das elites nos momentos em que foram produzidos. (AMADOR, 1946-1996, p. 56).

Dentro dessa questão, Severino chama a atenção para o enunciado da matéria constitucional e recorda que sua interpretação deve levar em conta o "espírito da lei" ao qual ela está atrelada. Argumenta que a lei é um vínculo adequado para fazer com que os processos educacionais concretizem os valores da ideologia que se quer transmitir.

A Conferência dos Bispos do Brasil, em seus estudos, afirma a importância do papel da lei na sociedade e a necessidade de conhecê-la no sentido de orientar as relações da humanidade.

> Geralmente as leis orientam as relações dos homens a partir dos valores e dos costumes da sociedade. Conhecer a história significa conhecer os fatos e as leis de cada época no contexto de seus valores. (CNBB, Estudos n. 49, p. 9).

Nesse sentido, a legislação brasileira dá a conhecer o caminho que o ensino religioso percorreu "legalmente", ao longo das décadas, e a forma como esses regulamentos jurídicos possibilitaram a sua configuração como disciplina curricular, para ser seguida pela totalidade da nação.

A propósito disso, há que se lembrar o que reza a lei Lei n. 9.475 de 22 de julho de 1997.

> Art. 33. O ensino religioso, de matrícula facultativa, é parte integrante da formação básica do cidadão e constitui disciplina dos horários normais das escolas públicas de ensino fundamental, assegurado o respeito à diversidade cultural religiosa do Brasil, vedadas quaisquer formas de proselitismo.
> § 1º Os sistemas de ensino regulamentarão os procedimentos para a definição dos conteúdos do ensino religioso e estabelecerão as normas para a habilitação e admissão dos professores.
> § 2º Os sistemas de ensino ouvirão entidade civil, constituída pelas diferentes denominações religiosas, para a definição dos conteúdos do ensino religioso. (D.O.U. de 23.7.1997).

É importante ressaltar que as diferentes concepções e visões subjacentes a esse processo geraram sérios paradoxos de âmbito nacional. A própria legislação que inclui o ensino religioso como disciplina no currículo escolar o exclui ao mesmo tempo do sistema de ensino, ao torná-lo facultativo para o aluno e obrigatório para a escola, o que revela uma ambiguidade de ordem jurídica, com consequências administrativas e pedagógicas.

Esse desfecho, na legislação atual, reflete um mal-estar que perpassa o ensino religioso desde o período histórico Colonial, passando pelo Imperial até chegar ao Republicano, com características específicas de cada época.

Como se vê, ao longo da história da educação no Brasil, o ensino religioso esteve sempre na pauta das discussões e debates. "Esta questão atravessa de ponta a ponta a história da educação brasileira (SAVIANI, 2004, p. 67). Por trás do ensino religioso se oculta um conflito entre a secularização ou a laicidade e a hegemonia religiosa nos sucessivos contextos históricos e culturais".

Na atualidade, o grande desafio é a consolidação de uma proposta consistente e de uma política que ultrapasse a clássica questão da separação Igreja e Estado. As saídas adotadas para a implantação do ensino religioso não estão refletindo essa política e, portanto, a disciplina sustentada pelo Estado assume um aspecto marginal. Muitas vezes, ela sobrevive amparada pelas Igrejas e volta a ser confessional; ora, ela se torna um expediente para completar a carga horária de professores de outras disciplinas.

Como se constata, a legislação mantém refém o ensino religioso, como um componente curricular onde coexistem atitudes antigas e necessidades novas. No percurso de sua implementação, atuam diferentes atores, que se incompatibilizam pelas concepções divergentes sobre a natureza e função da disciplina e sua estabilidade no currículo escolar, ou seja, a sua inclusão na escola pública.

Outro aspecto a destacar é que o ensino religioso é amparado por uma legislação especial, ou seja, é implantado a partir de instrumentos legais. Todavia, ele não se efetiva na prática, por consequência, não ocupa um espaço nos estabelecimentos de ensino com a mesma normalidade das demais disciplinas.

A falta de clareza mantém, no transcurso das décadas, uma atitude ambígua diante do ensino religioso, uma disciplina incluída e excluída. Incluída por um estatuto jurídico de grande porte, a Carta Magna do país, e a legislação complementar (LDB) e imediatamente excluída na organização curricular.

Engolfada no conflito entre escola pública de natureza laica e sua condição de elemento dependente das instituições religiosas, a disciplina vive desde sua implementação em uma crise histórica feita de lutas e negociações, que, muitas vezes, emperram os avanços nos espaços assegurados pela lei.

Do outro lado, há os que mantêm uma posição a favor do suporte público do ensino religioso, pois trata-se de uma disciplina cuja matéria, a religião, é elemento integrante da formação do cidadão que frequenta a escola e exerce seu direito de opção por esse ensino fundamentado em princípios decorrentes da Declaração Universal dos Direitos Humanos:

> Toda pessoa tem direito à liberdade de pensamento, de consciência e de religião; esse direito inclui a liberdade de mudar de religião ou de convicção, como a liberdade de manifestar a religião ou sozinho, ou em comum, tanto em público como em privado, pelo ensino, pela prática, pelo culto e pelos ritos. (Declaração Universal dos Direitos Humanos, Art. 18).

Essa ideia possibilita avalizar que "a laicidade do Estado pretende ser a expressão de uma sociedade verdadeiramente democrática em que todos os grupos e instituições, inclusive as religiosas, para que possam participar em condições de igualdade. E que o Estado deve ser laico e não laicista". (CNBB, nº 80, p. 16).

Todavia, esse conflito não resolvido entre o Estado laico e o poder religioso repercute na disciplina do ensino religioso, provocando desacertos e ideias opostas em torno da disciplina.

Esse direcionamento leva a considerar que o ensino religioso, desde o seu nascedouro, não se apresenta como um componente curricular pronto e acabado. O processo de reflexão continua e dele vão surgindo novas sínteses. Importa considerar que a apreciação desse quadro requer o entendimento de que as transformações humanas não são produzidas só por processos individuais, mas também, pelos coletivos.

Assim, para o entendimento do ensino religioso em seus conflitos e na diversidade de seus comportamentos, ele necessita ser estudado no contexto das necessidades do seu tempo. Isto requer a compreensão de um ensino religioso a partir da dinâmica da sociedade, como produto histórico e mediante necessidades diferenciadas, em momentos também diferenciados.

Nessa perspectiva, partimos do princípio de que toda a produção ideológica deve ser entendida dentro de determinadas condições históricas. Por isso, é extremamente significativo marcar os blocos históricos que assinalaram a "vida" do ensino religioso no Brasil. Assim, para melhor compreensão de seu significado, de suas crises, suas significações ideológicas, sua presença e participação no contexto educacional brasileiro, optamos por dividir a história do ensino religioso em três blocos históricos nos quais se insere sua caminhada, com diferentes configurações.

À guisa de colaboração para essa discussão, passamos a fazer uma retrospectiva sobre essa matéria e apontar o ponto nevrálgico da questão, que é o conflito entre o ensino religioso e o caráter leigo do Estado instaurado a partir da República. Esta perspectiva abrangente é importante para os objetivos que nos propomos perseguir, ou seja, detectar o desassossego no ensino religioso.

Para perceber as diferentes significações ideológicas[1] que envolveram a participação do ensino religioso no contexto educacional brasileiro, é importante olhar sua caminhada em três grandes etapas: a primeira vai de 1500 a 1889 e inclui o Período histórico Colonial e Imperial; a segunda é o Período histórico Republicano que vai de 1899 até hoje; entretanto, devido ao retorno do Estado de Direito, com a Constituição de 1988, trabalhamos um terceiro período de 1988 até hoje.

O ensino religioso no sistema legal do Período histórico Colonial e Imperial: 1500-1889

Foram muitas as batalhas ideológicas que marcaram a história do ensino religioso no Brasil desde 1500 até os nossos dias. As ideias

1 Para Gramsci (ano), o cimento da sociedade civil é a ideologia ou a visão de mundo burguesa ou capitalista, sustentada pelas instituições culturais, cujos órgãos principais são os meios de comunicação, as instituições escolares, a Igreja ou o poder religioso. Todas essas instituições têm a função de abrigar, consolidar, conservar e transmitir a visão de mundo ou a ideologia que garante o consenso e a submissão das classes subalternas. Enquanto perdura esse consenso, a classe dominante mantém a sua hegemonia econômica, cultural e política.

mesclaram-se numa multiplicidade de acontecimentos políticos, sociais, econômicos e religiosos significativos e marcaram as transformações que influenciaram debates em nível nacional. Ao longo do Bloco Colonial e Imperial, a ênfase foi a integração escola, Igreja, sociedade política e economia. Nesse período, o governo não interfere diretamente como primeiro interessado, nem impõe uma filosofia educacional. Ele delega a religião oficial do Estado à Igreja Católica. Sendo assim, é viável pensar que o ensino da doutrina católica era parte integrante dos programas educacionais.

É importante ressaltar que a legislação transporta para o ensino religioso uma herança estrutural significativa, ampla, complexa, tecida pelos acontecimentos relacionados com os interesses políticos, econômicos e culturais, decorrentes de diferentes concepções, presentes na matéria constitucional.

Ao tratar do embate ideológico sobre o ensino religioso no âmbito das polêmicas realizadas antes, durante e depois do período histórico colonial e imperial, é possível constatar que diferentes grupos conceituaram a educação e, por conseguinte, o ensino religioso de diferentes formas, atribuindo a ele objetivos diversos em função de seus interesses de classe.

Gramsci, debruçou-se com lucidez sobre os fenômenos religiosos, percebendo sua importância para a compreensão da sociedade contemporânea e lembra que dentro de um determinado contexto histórico cada grupo cria para si próprio camadas de intelectuais que lhe dão homogeneidade e consciência de sua própria função.

No período da Colônia, à época do Império, o Estado brasileiro contou com as instituições eclesiásticas e conviveu em íntima colaboração com a Igreja, para a organização institucional da educação e na implementação de sua política educacional. Os interesses da classe dominante, representados pelo Estado, coincidem com os interesses da Igreja.

É importante ressaltar que, naquele período, não havia ainda alusão explícita do Estado ao ensino religioso. Mas o Estado serviu-se da ideologia religiosa. Severino explicita que:

> Para a organização institucional da educação e na implementação de sua política educacional, o Estado brasileiro contou com as instituições eclesiásticas e conviveu em íntima colaboração com a Igreja. Os interesses da classe dominante, representados pelo Estado, coincidem com os interesses da Igreja. (SEVERINO, 1986, p. 62).

Vale ressaltar que o fato de a descoberta e a colonização do Brasil serem efetuadas sob os interesses do Estado Português e da Igreja Católica confere ao ensino religioso uma singularidade especial, pois ao Estado português interessava solidificar as conquistas e assegurar a expansão territorial por meio da catequese e da ação missionária.

No período histórico colonial e imperial, o que se desenvolveu como ensino religioso foi a religião oficial, como evangelização dos gentios e catequese dos índios e dos negros, conforme acordos entre o Sumo Pontífice e o Monarca de Portugal, em função do projeto colonizador.

As relações entre Igreja e Estado foram regidas, a princípio, pelo pacto colonial que vinculava os dois poderes e transformava o missionário e o clero em agentes do poder estatal. A mesma situação persistiu no período histórico imperial, cujas constituições declaravam a aliança entre a Igreja e o Estado.

A Constituição Política do Império do Brasil, no período de 1824, silencia no que se refere especificamente ao ensino religioso. Mas já é clara a ligação entre Estado e Igreja, no Preâmbulo da Constituição, no artigo 5º e no item V do artigo 179.

Nessa Constituição de 1824, o ensino religioso usufruiu do esquema de protecionismo da Metrópole, em decorrência do regime legalista oficial, implantado nesse período, pois a Carta Magna manteve a Religião Católica Apostólica Romana como religião oficial do Império (Artigo 5º).

Sendo assim, é viável pensar que a religião passou a ser um dos principais aparelhos ideológicos do Estado e cresceu a dependência do poder político por parte da Igreja. Nesse período, a formação cristã foi prioridade nas escolas com práticas religiosas obrigatórias, na intenção de impregnar seus 'valores' na vida social e cultural da Colônia.

Os padres exerciam função hegemônica, isto é, de direção intelectual e moral da Colônia, mas não exerciam a função ideológica, isto é, de legitimação das relações sociais de produção (escravização) e de domínio dos colonizadores e dos capitalistas agrários sobre os subalternos. Essa legitimação era exercida pela ideologia burguesa.

Antonio Joaquim Severino (1986, p. 66): "no primeiro período, o conflito ideológico entre Igreja Católica e Estado não existia. Ao contrário, a ideologia católica serviu adequadamente aos objetivos do Estado Colonial e Imperial".

Neste aspecto decorre o pensamento de Oliveira, referindo-se à utilização ideológica dos valores cristãos pela classe dominante e pelos governantes, alerta que isso não significa dizer que o catolicismo recebesse uma adesão fiel aos valores cristãos, "pois o cidadão, muitas vezes, aderia a outros credos e ideais antagônicos como a maçonaria, ou às posições filosóficas liberais, positivistas, materialistas e iluministas, o que provocou a questão religiosa de 1874 entre as duas instâncias" (OLIVEIRA, 1985, p. 19).

Segundo o pensamento de Portelli (1984, p. 41): "naquele período, a Igreja era, ao mesmo tempo, aparelho religioso e aparelho político, na medida em que ela detinha o monopólio ideológico e político".

Como se constata, o liberalismo e o positivismo fortaleciam, cada vez mais, as tendências republicanas, até o desfecho da mudança do regime. "Do ponto de vista do ideário, a República nasceu sob a influência e inspiração do positivismo, que marca sobretudo sua visão educacional. Com isso, opunha-se explicitamente ao ideário católico, propondo a liberdade e a laicidade da educação" (SEVERINO, 1986, p. 76).

O ensino religioso e a estrutura legal do Período histórico Republicano (1889-1988)

O período de 1889 a 1988 caracteriza-se pelo abandono da ideologia católica, por parte da política educacional do Estado e pelo progressivo predomínio da ideologia liberal, própria de uma burguesia leiga. Este processo de superação da ideologia católica e a afirmação da ideologia liberal – uma grande mudança social e cultural – lançou a Igreja numa nova situação.

A burguesia nacional, sentindo-se suficientemente forte e em condições de prescindir do apoio da Igreja, desenvolveu sua própria ideologia laica, passando a se apoiar na ideologia liberal. Ao final do regime imperial, as relações de conflito entre a ideologia católica e a ideologia liberal tornaram-se cada vez mais agudas.

Nesse novo contexto, aquele mal-estar que marcou a catequese na Colônia e no Império, pela invasão cultural que caracterizou a evangelização colonizadora, agora tem outros cenários. Com o decreto n. 119-A, de 7 de janeiro de 1890, configura-se uma nova ordem política brasileira, em que impera o princípio de laicidade do Estado, e o governo republicano consuma a separação entre Igreja e Estado. Tem início uma nova ordem social e um novo Período histórico.

Este decreto constituiu chave de mudanças. Lustosa (REB, v. 35, 1975, p. 630) cita dispositivos legais

> Art. 1º É proibida à autoridade federal, assim à dos Estados Federados, expedir leis, regulamentos ou atos administrativos, estabelecendo alguma religião, ou vedando-a e criar diferenças entre os habitantes do país, ou nos serviços sustentados à custa do orçamento, por motivo de crenças, ou opiniões filosóficas ou religiosas. Art. 2º A todas as confissões religiosas pertence por igual a faculdade de exercerem o seu culto, regerem-se segundo a sua fé e não serem contrariadas nos atos particulares ou públicos, que interessem o exercício deste decreto. Art. 3º A liberdade aqui instituída abrange não só os indivíduos nos atos individuais, senão também as igrejas, associações e instituições em que se acharem agremiados; cabendo a todos o pleno direito de se constituírem e viverem coletivamente, segundo o seu credo e a sua disciplina, sem intervenção do poder público. Art. 4º Fica extinto o padroado com todas as suas instituições, recursos e prerrogativas.

Verifica-se a importância desse Decreto da autoria de Rui Barbosa, que em discurso apresenta o novo projeto, unanimemente aprovado. O referido projeto figurou como documento-chave para a mudança imediata da vida política brasileira (LUSTOSA, 1975, REB, v. 35, p. 630-631).

Ainda conforme a importância dada ao ensino religioso, há que se citar também que o respeito à diversidade religiosa, aludida, representa apenas uma faceta do conflito das polêmicas que estariam emergindo paulatina e sistematicamente no país. Como se vê, a laicidade é um tema que implica a manutenção de um equilíbrio entre liberdade de crença e imparcialidade do Estado em relação à religião.

A laicidade do Estado

A questão da laicidade e suas consequências para o ensino religioso na escola pública extrapolam o período histórico do período Colonial e Imperial e adentram no século XX e XXI, como um marco divisor de opiniões, conceitos e princípios filosóficos e ideológicos.

A laicidade, ao conviver com a liberdade de expressão, de consciência e de culto, não pode conviver com um Estado portador de uma confissão. Ao respeitar todos os cultos, não adota nenhum.

Oliveira (1985) aponta a dimensão da crise de hegemonia instaurada no regime de padroado que se resolve com a proclamação da República e a instituição do Estado laico. A separação entre a Igreja e o Estado parte da iniciativa do próprio governo e provoca reação na Igreja, que se opõe em nome de um princípio dogmático.

O episcopado brasileiro ressente-se com a separação da Igreja e do Estado e a liberdade de culto, "pois considerava uma afronta à Igreja Católica ser colocada em pé de igualdade com outras confissões religiosas" (OLIVEIRA, 1985, p. 267). Desde a primeira República (1889-1930), a liderança católica coloca-se em intensa atividade na defesa de suas posições.

Na fase de laicidade, não há mais pacto, mas separação e autonomia entre os dois poderes, o civil e o eclesiástico. A Igreja passou a ver o ensino escolar laico e a exclusão do ensino religioso como uma grande violência imposta à consciência católica. Alegava que a laicidade conflitava com a maioria dos alunos que professavam a fé cristã.

No predomínio da ideologia leiga, a educação foi laicizada, sendo a religião eliminada do currículo. O conflito entre a ideologia burguesa e a ideologia religiosa acaba descartando o papel da religião católica e da sua catequese como suporte do sistema dominante.

É importante observar que entre os que advogavam um ensino laico e os grupos religiosos representantes da Igreja católica, que defendiam o ensino religioso nas escolas públicas, travaram-se sérias discussões. A sociedade dividiu-se em grupos favoráveis e contrários ao ensino religioso nas escolas públicas. Como se vê, os conflitos não foram eliminados.

Pode-se dizer ainda que, na fase de laicidade, não há mais pacto, mas separação e autonomia entre os dois poderes, o civil e o eclesiástico. "A Igreja passou a ver o ensino escolar laico e a exclusão do ensino religioso como uma grande violência imposta à consciência católica. Alegava que a laicidade conflitava com a maioria dos alunos que professavam a fé cristã católica" (MOURA, 2000, p. 97).

No predomínio da ideologia leiga, rejeita-se o monopólio da Igreja na área do ensino religioso. Dessa forma, "a educação foi laicizada, sendo a religião eliminada do currículo" (BRUNEAU, 1974, p. 65).

As duas forças das quais o próprio Estado dependia eram a Igreja e a burguesia liberal. A Igreja identificava-se mais com a burguesia agrária e buscava recuperar a concepção religiosa de vida com uma concepção ético-teológica. Os liberais identificavam-se mais com a burguesia industrial e buscavam reconstruir a sociedade com base em ideais puramente laicos de convivência e de solidariedade.

É importante lembrar que a década de 1930 inaugura um quadro de novas exigências na educação, após a extinção do padroado e a consequente separação entre Estado e Igreja. O ensino religioso é contemplado pelo Decreto n. 19.941, de 30 de abril de 1931, cujo teor introduziu, pela primeira vez, o ensino religioso nas escolas da rede oficial de ensino no regime Republicano. Esse decreto teve como mentor Francisco Campos, Pe. Leonel Franca (1931, p. 132), que apresentou, com base filosófico-jurídica, as razões do Decreto de 30 de abril de 1931, por meio do qual foi admitido o ensino religioso nas escolas oficiais. Vale lembrar o que diz Pe. Leonel Franca a esse respeito:

> Do ensino religioso, repetimos que depende apenas do mais elementar respeito à liberdade espiritual das familias, e se impõe, sem distincção, a todos os governos livres, monarchicos ou republicanos, aristocráticos ou democráticos, unidos à Igreja ou dela separados. Ensina-se religião catholica aos filhos de familias catholicas na Allemanha e na Inglaterra, na Hollanda e na Rumenia. E quem se lembrou por lá de combater essa disposição legislativa em nome da separação official entre o governo e o catolicismo. (*Id., ibid.*, p. 148).

Na moldura das metamorfoses pelas quais o Brasil passava, a Constituição de 1934 consolida o monopólio do Estado sobre a Educação e dedica um capítulo inteiro, com dez artigos, para a educação e cultura. A novidade ficou por conta do ensino religioso que, pela primeira vez na história do Brasil, é tratado de forma explícita como disciplina escolar.

Com efeito, com exceção da Primeira Carta Magna Republicana, de 24 de fevereiro de 1891, as demais Constituições Brasileiras posteriores a de 1934 mantiveram o ensino religioso garantido como disciplina do currículo escolar, salvaguardando os princípios da laicidade e da liberdade religiosa característicos de um Estado Republicano.

Pela primeira vez na história do Brasil, a Constituição de 1934 trata de forma explícita o ensino religioso na escola pública, mesmo que de matrícula facultativa.

Seguindo a tendência laicista, o ensino religioso aparece na Constituição de 1937, art.176, que determina: "O ensino religioso, de matrícula facultativa, constituirá disciplina dos horários das escolas de grau primário e médio". Portanto, pela primeira vez a Constituição Nacional refere-se ao ensino religioso nas escolas públicas sem determinar, no entanto, que seja ministrado de acordo com a confissão religiosa do aluno e o amplia para abranger o ensino fundamental e médio.

Na Constituição Federativa do Brasil de 1934, o artigo 5º, inciso XIV, apresenta como competência da União "traçar as diretrizes da educação nacional". Na Constituição do Estado em 1937, Getulio Vargas dá início ao Estado Novo. Ocorre uma grande mudança em relação ao ensino religioso. Se na Constituição anterior era matéria regular das escolas públicas, mesmo que de matrícula facultativa, passa a ser opcional também para a instituição escolar, como se constata no art. 133 – O ensino religioso poderá ser contemplado como matéria do curso ordinário das escolas primárias, normais e secundárias. Não poderá, porém, constituir objeto de obrigação dos mestres ou professores, nem de frequência compulsória por parte dos alunos (BRASIL, 1937).

Depreende-se, assim, que a nova norma introduzida pela Constituição de 1937 aponta para uma desvalorização do ensino religioso. Todavia, no contexto nacional, alguns anos depois, o país entrava em guerra (1944). Nessa época, o Decreto-Lei n. 6.535 criou o Serviço de Assistência Religiosa das Forças Armadas. Esses acontecimentos antecederam a Constituição de 1946, em cujo artigo 5º o ensino religioso é contemplado como dever do Estado.

Nesse período, assiste-se a um conjunto de reformas, as chamadas "Leis Orgânicas de Ensino", promulgadas entre 1942 e 1946, por Gustavo Capanema, Ministro da Educação no Estado Novo. O momento é estimulado pela necessidade de traçar as diretrizes da Educação Nacional. Dois anos depois, o ensino religioso é contemplado no Art. 168, alínea V, da Constituição de 1946. Esse artigo retoma o estatuto da Constituição de 1934 que regia essa área de conhecimento como disciplina escolar, oferecida regularmente e com matrícula facultativa.

O ensino religioso na Constituição de 1967

A Constituição de 1967 foi promulgada na ressonância do regime ditatorial instaurado pelo governo militar. O Estado brasileiro encontra-se num estágio de mudanças, passando do populismo para um regime autoritário. O governo militar pretende repensar o problema do Estado educador em termos liberais, em função da política desenvolvimentista, num modelo capitalista avançado e com base no princípio da unidade nacional.

O país assiste a uma modernização da própria ideologia burguesa de um capitalismo avançado. Dentro desse aspecto, o que ocorria em um novo contexto político econômico, era sua progressiva inserção no bloco do capitalismo ocidental (Estados Unidos, Canadá, Europa e Japão) e uma profunda reorientação ideológica. A classe dominante e o Estado querem agora uma ideologia em que prevaleça a laicização, modernizada e pretensamente fundada na ciência.

Essa orientação ideológica imposta pelo capitalismo provocou consideráveis mudanças na educação, como bem assinala Severino (1986, p. 89) "[...] a mudança do regime político administrativo do país, em 1964, significou, também, momento de reorientação ideológica na política educacional do Estado brasileiro". Dessa maneira, essa reorganização do regime político-administrativo do país significou, também, momento de reorientação ideológica na política do ensino religioso.

A Constituição Federativa do Brasil de 1967 omite o aspecto confessional, presente na Constituição de 1934 e 1946. O art. 168, alínea IV estabelece: "O ensino religioso, de matrícula facultativa, constituirá disciplina dos horários normais das escolas oficiais de grau primário e médio".

Nesse período, o Estado passa também a exercer um severo controle político-ideológico sobre a educação, principalmente no nível universitário, em que grupos ligados ao novo regime buscavam vincular o ensino superior ao mercado e ao projeto político de modernização de acordo com as exigências do capitalismo internacional.

Desta forma, o desenvolvimento era considerado meta principal para a condição de progresso do país, e é assim que a educação passa a desempenhar um importante papel. Para gerir e promover o sucesso do projeto político de desenvolvimento, a educação passa a exercer a função de "aparelho ideológico do Estado", através da formação de mentalidades e de recursos humanos (a mão de obra).

Nos diversos níveis da educação, podemos perceber a ideologia desenvolvimentista presente, objetivando a formação de trabalhadores capazes de produzir mais a um custo menor. Investe-se no desenvolvimento das inovações tecnológicas e adota-se uma perspectiva economicista em relação à educação, colocando o planejamento desta nas mãos de economistas.

A educação precisou se ajustar à ruptura política ocorrida com o Golpe e, assim, durante o governo militar, ela teve como atribuição a função de formar o "capital humano", estando vinculada ao mercado de trabalho e moldada pela ideologia desenvolvimentista e de segurança nacional.

Durante esse período, as políticas públicas para a educação eram associadas aos discursos de "construção social" e à proposta de fortalecimento do Estado, que, por sua vez, foi reorganizado, visando a atender os interesses econômicos vigentes. E se o Estado foi reorganizado, a educação também precisava se reorganizar, e foi desta forma que se procurou adaptar o sistema educacional aos imperativos de uma concepção econômica de desenvolvimento, transformando educador e educando em mercadorias que, se bem investidas e moldadas, dariam grandes lucros.

Nesse sentido, o país vive uma série de contradições entre a ideologia política e o modelo econômico. Se por um lado existe busca de identidade e de independência, por outro, tende à internacionalização, submetendo-se ao controle estrangeiro.

Esta concepção, que atende aos interesses da nova burguesia urbano-industrial, surgida na metade do século XX, exige a modernização de todos os setores da vida social brasileira. Havia, nessa época, portanto, um clima ideológico político e social propício para a implantação do neoliberalismo.

Importa considerar que as mudanças ocorrem mais no plano internacional que nacional. O capitalismo impõe ao país uma nova orientação ideológica de inspiração tecnocrática. O desenvolvimento, até então caracterizado pelo nacionalismo, começa a entrar em contradição com o processo de internacionalização da economia, por ocasião da instalação das multinacionais.

Antônio Joaquim Severino argumenta que:

> Aproximar o e (regime) não mais interessava a ideologia católica, porque a essa altura não mais precisa dela. A postura básica do novo regime é ideologicamente laica, além de modernizadora, dispensando qualquer contribuição da ideologia católica, a não ser quando, na sua feição mais conservadora tradicional, colabora para a manutenção da atitude fatalista e resignada da população frente à política do Estado. (SEVERINO, 1986, p. 91).

Vários fatores merecem ser levados em conta para se compreender a significativa história da Igreja e do Estado na vida do país, nesse período. Entretanto, isso nos levaria para longe do nosso objeto. É conhecida a posição da Igreja Católica frente ao regime militar logo após o golpe de 1964. A hierarquia mostrou-se condescendente e vários bispos até se declararam partidários do regime. Porém, diante das violações dos direitos humanos, da tortura, do autoritarismo exacerbado e da negligência dos militares em promover a justiça social, a CNBB, a partir de manifestações regionais, passou a enfrentar decididamente o sistema ditatorial e a aliar-se à luta da sociedade pela volta do Estado de Direito.

Com o governo do General Figueiredo, o país começa a recuperar o caminho da democracia, que se consolida com a Assembleia Geral Constituinte e a nova Constituição de 1988, que restaura os direitos civis e a cidadania no país.

O ensino religioso na estrutura legal após o retorno do Estado de Direito: 1988 até nossos dias

A Constituição da República Federativa do Brasil, de 1988, marcou o início de uma nova etapa da cidadania brasileira. Ao longo do período de ditadura militar, a Nação foi se unindo na luta pela independência nacional, pela justiça social e pela autodeterminação, ideais que esbarravam no cruel realismo das elites em salvaguardar seus privilégios.

A sociedade brasileira, nesse período, engajou-se na luta pela democratização, contra as consequências nefastas da ditadura militar em todos os setores da sociedade, crises em parte já herdadas do período anterior, com repercussão na educação, que foi atingida na estrutura escolar, tais como: encerramento de experiências escolares criativas, professores são cassados, os períodos escolares são encurtados, o currículo é esvaziado em seu conteúdo através da eliminação de matérias e imposição extraordinária, redução salarial dos professores.

Como se constata, os Blocos Históricos anteriores revelaram que o ensino religioso fora usado pelo poder dominante como aliado ideológico, mesmo após a separação entre o Estado e a Igreja. A nova Constituição aponta para o objetivo de se criar uma sociedade mais democrática, conjugada com a alteridade, evitando as discriminações de toda a espécie, inclusive a religiosa.

Aqui está a razão da nossa motivação para a escolha da data, 1988, como marco do início de um segmento especial do Período histórico Republicano, para nele analisarmos nosso objeto de estudo.

Os indicativos da Carta Magna para ordenamento da Educação e do ensino religioso

A Constituição da República Federativa do Brasil, promulgada em 5 de outubro de 1988, dedica uma seção inteira à educação, o que demonstra a importância dela. No artigo 205,[2] estão previstos objetivos básicos da educação: o pleno desenvolvimento da pessoa, o preparo para o exercício da cidadania e a qualificação da pessoa para o trabalho. Como se pode observar, integram-se, nestes objetivos, valores antropológico-culturais, políticos e profissionais.

Na década de 1980-1990, o Brasil presenciou uma tentativa de

---

2 "Respeitar o outro como alteridade significa entendê-lo como diverso, como outro e, portanto, reconhecê-lo como livre. O reconhecimento da alteridade do outro abre a possibilidade de também ser reconhecido como diverso e livre. Assim, há uma correspondência mútua entre reconhecer a alteridade do outro e ter sua alteridade reconhecida." (HRYNIEWICZ, Severo. *Introdução e História da Filosofia.* Rio de Janeiro: Edição do Autor, 1980, p. 109).

redemocratização da vida social, que se refletiu na área da educação. Essa tentativa de redemocratização atingiu o ensino religioso e a disciplina parte em busca de sua identidade e de sua redefinição no âmbito dos currículos escolares.

Para entender o ensino religioso em seu ordenamento e mal-estar, é necessário entender a crise da educação nesse processo mais amplo, inserida na crise do capitalismo de âmbito internacional com repercussões na realidade nacional.

Na Carta Magna, argumentos e propostas são recuperados em vista da permanência do ensino religioso no currículo, como disciplina. Com isso, buscava-se permitir ao educando ter, na escola, a oportunidade de compreender sua dimensão religiosa, oportunizando encontrar respostas aos seus questionamentos existenciais, descobrindo e redescobrindo o sentido da sua busca, na convivência com as diferenças.

No projeto democrático com vistas à pluralidade na alteridade, as escolas deixam de ser um espaço unitário e coerente de grupos privilegiados. Com a maior universalização do ensino, a escola tornou-se um espaço de toda a sociedade, onde as diversas forças sociais e profissionais se articulam para assumir responsavelmente novas modalidades de funcionamento e de ação diante da realidade sociocultural do Brasil, cada vez mais plural e diversificada. A escola democrática abre um espaço que permite avançar em um ensino religioso aberto à diversidade pluricultural do Brasil.

Nesse sentido, o ensino religioso na escola pode oferecer elementos que, pedagogicamente, contribuam para que várias visões de mundo possam dialogar. É verdade que a educação, na modernidade, integra processos de avanços, porém, também é verdade que a comunidade educativa, sob a formação econômica capitalista, tem como sustentação e centro gerador de todas as relações sociais o capital/trabalho.

Trazendo a discussão para o contexto atual, vale dizer que "nenhuma reforma intelectual e moral pode estar desligada da reforma econômica". A educação no Brasil, embora continue atrelada aos interesses dos setores hegemônicos e privilegiados da sociedade, provoca também mudanças qualitativas nos segmentos menos favorecidos, em virtude dos espaços que a classe dominante foi forçada a abrir para as camadas médias e segmentos subalternos, ampliando os espaços culturais e políticos (GRAMSCI, 1975, 4 v, p. 96).

O ensino religioso no Brasil, como todo o processo educacional, participa dessa conjuntura educacional de reprodução das condições econômico-sociais capitalistas da sociedade classista brasileira e da ideologia dominante, mas também inclui um potencial de aliança com os setores educacionais que se empenham em uma educação democrática a serviço de todos.

Para entender o ensino religioso em seu ordenamento e mal-estar, é necessário entender a crise da educação nesse processo mais amplo, inserida na crise do capitalismo de âmbito internacional com repercussões na realidade nacional.

A trajetória da LDB

Em 1961, é publicada a LDB que regulamenta o sistema educacional. A Lei n. 4.024/61 – a primeira LDB elaborada no Brasil – não se preocupou muito com o ensino básico. Vale lembrar também que, antes dela, não havia no Brasil uma lei específica para a educação.

No que concerne ao ensino religioso nas escolas públicas de ensino fundamental, houve grandes debates entre o os defensores da inclusão do ensino religioso e os adeptos da escola pública laica, antes e depois inclusão do ensino religioso na LDB.

Apesar da abertura para a colaboração recíproca entre Igreja e Estado, a situação do ensino religioso ainda prevalece de maneira restrita no sistema escolar brasileiro, como se constata na LDB, no artigo 97 da Lei n. 4.024/61.

Em 1971, sob o regime militar, promulga-se LDB sob a Lei n. 5.692/71, que fixava Diretrizes e Bases do ensino de 1º e 2º graus e trazia alterações no sentido de conter os aspectos liberais constantes na lei anterior, estabelecendo um ensino tecnicista para atender ao regime vigente voltado para a ideologia do nacionalismo desenvolvimentista.

A referida Lei n. 5.692/71) permaneceu em vigor até 1996, quando da aprovação da LDB, conhecida como Lei da Profissionalização do Ensino. Publicada pelo então presidente Emilio Garrastazu Médici, voltou a explicitar o caráter obrigatório da oferta do ensino religioso no currículo dos estabelecimentos oficiais, mantendo a matrícula facultativa, no artigo 7°, § único: "O ensino religioso de matrícula facultativa constituirá disciplina dos horários normais dos estabelecimentos oficiais de 1º e 2º graus".

Ela difere da LDB de 1961, pois exclui a expressão sem ônus para os cofres públicos, não estabelece que o ensino religioso deve ser ministrado de acordo com a confissão religiosa do aluno e estende o ensino religioso às escolas públicas de 2º grau.

A LDB n. 5.692/71 garantiu a formulação anterior, que previa a autorização do professor de ensino religioso pela respectiva autoridade religiosa, revogou o art. 97 da Lei n. 4.024/61, que desincumbia o Estado do ônus relativo aos professores de ensino religioso.

Com a promulgação da Constituição do Brasil de 1988, as LDBs anteriores foram consideradas obsoletas. A Assembleia Constituinte de 1988 manteve o ensino religioso como disciplina facultativa, não extensiva ao Ensino Médio[3]. A LDB, Lei n. 9.394/96 foi sancionada em 20 de dezembro de 1996, trazendo um dispositivo cujo teor avivou a polêmica sobre o ensino religioso, porque isentava o Estado de encargos com o pagamento do professor de ensino religioso, o que contrariava o princípio do direito universal da educação para todos. Ela contempla o ensino religioso na sessão III (do Ensino Fundamental), no capítulo II (da Educação Básica), no título V (dos níveis das modalidades de Educação e Ensino), no artigo 33[4].

---

3 O texto recebeu a seguinte redação: "O ensino religioso, de matrícula facultativa, constituirá disciplina dos horários normais das escolas públicas de ensino fundamental".

4 Este artigo tem a seguinte redação: "Art. 33 – O ensino religioso, de matrícula facultativa, constitui disciplina dos horários normais das escolas públicas de ensino fundamental, sendo oferecido sem ônus para os cofres públicos, de acordo com as preferências manifestadas pelos alunos ou por seus responsáveis, em caráter de acordo com a preferência manifestada pelo aluno, seus pais, ou responsáveis."

O caput do novo artigo 33 apresenta a situação objetiva do ensino religioso para o ensino fundamental: "será de matrícula facultativa; será parte integrante da formação básica do cidadão, deverá constituir-se em disciplina dos horários normais das escolas públicas; deverá assegurar o respeito à diversidade cultural e religiosa do Brasil, e estão vedadas quaisquer formas de proselitismo". Determina que os sistemas de ensino a que estão vinculados os estabelecimentos de ensino fundamental "regulamentarão os procedimentos para a definição dos conteúdos do ensino religioso e estabelecerão as normas para habilitação e a admissão dos docentes".

O § 2º do mesmo artigo 33 prevê, ainda, que "os sistemas de ensino ouvirão entidade civil, constituída pelas diferentes denominações religiosas, para a definição dos conteúdos do ensino religioso".

A atual Lei de Diretrizes e Bases da Educação Nacional (Lei n. 9.394/96), com nova redação de 1997, buscou propiciar uma identidade ao ensino religioso tentando, assim, superar a lei anterior (Lei n. 5.692/71) que se dispersava em inúmeras leis menores incluindo Pareceres, Resoluções Federais, Leis Estaduais de diversas categorias e Leis Municipais, que a regulamentavam.

Todavia, apesar de a LDB, n. 9.394/96 abrir caminhos ao ensino religioso nos seus mais diversos recortes teóricos, metodológicos e antropológicos, persistem problemas não solucionados, o que significa que as medidas propostas pela referida legislação não compuseram uma proposta consistente.

Como se constata, este estado de crise no ensino religioso revela que a sociedade globalizada e multicultural requer um "novo" ensino religioso, com um novo jeito de ser implementado, pensado e afirmado no âmbito do espaço escolar. Persistem os mal-estares, e a nova Lei tem suas luzes e sombras.

Luzes e Sombras da LDB, Lei n. 9.394/96

O ensino religioso, um componente curricular, que tem status de disciplina, conforme preconiza a Lei n. 9.495/97, que modificou o artigo 33 da atual LDB da Educação Nacional (9.394/96).

Efetivamente há avanços, pois situa o ensino religioso em um processo educativo amplo, numa sociedade pluralista, e constitui, na escola, um espaço importante para discussão e reflexão no processo de aprendizagem, da convivência humana respeitosa e solidária, aberta ao outro, ao diferente, na qual educadores e educandos procuram resgatar os valores fundamentais da vida e dar sentido mais profundo e transcendente à existência humana, a partir da própria religiosidade.

Os dispositivos da nova Lei contêm flexibilidades que permitem avançar em um ensino religioso aberto à diversidade cultural e religiosa do Brasil. Considerando-se esse aspecto, ele pode oferecer elementos que, pedagogicamente, contribuam para que várias visões de mundo possam dialogar.

Ainda de acordo com o propósito desta pesquisa, ressalta-se que a nova Lei apresenta características básicas de flexibilidade, de abertura e de inovação. É possível perceber que a Lei indica horizontes na busca de soluções para a problemática do ensino religioso no Brasil, capazes de dinamizá-lo como disciplina.

Mas faz emergir também desafios a superar. Esses pontos negativos não passaram despercebidos nas entrevistas e nos questionários e carecem de atenção.

O ensino religioso, no panorama atual ainda está em uma fase incipiente de busca de sua identidade, especificidade, finalidade, conteúdos, metodologia e de profissionais competentes, como requer a boa pedagogia. Esta compreensão desafia as formas tradicionais que ainda persistem em utilizar a disciplina como meio de doutrinação.

O ensino religioso na atualidade vem passando por transformações e tensões e essa questão é complexa, porque envolve processos históricos de laicidade do Estado e, ao mesmo tempo, nos leva a questionamentos relativos ao próprio nome da disciplina "ensino religioso", que evoca ensino da religião num Estado laico.

É importante perceber que a luta do laicismo pela exclusão do ensino religioso presente na Constituição de 1934 tem reflexo até os dias atuais e constitui um aspecto sombrio que leva a indagar: teria sido totalmente superado o laicismo no que tange ao ensino religioso?

Ao longo do que tem sido analisado, percebe-se que o ensino religioso não aparece na Constituição da República de 1891 e só se faz presente depois de longos 43 anos, na Constituição do primeiro governo de Vargas, em 1934.

Há uma alta evidência embaraçosa que indica que na área do ensino religioso há um desafio provocador. Este desafio provocador necessita de sérias pesquisas e frequentes diálogos, apropriando-se da hermenêutica para discutir a fundo as questões afetas à disciplina e suas significativas mudanças, para conviver com a alteridade em suas mais variadas manifestações, a partir da ética e dos Direitos Humanos, entre os quais está o direito a uma opção religiosa.

Observa-se que não há um direcionamento maior dos conteúdos curriculares do ensino religioso por parte da União, o que vem provocando uma multiplicidade de pareceres e decretos, como é o caso do Parecer n. 97/99 do Conselho Nacional de Educação-UF:DF.

Tais posicionamentos levam-nos a crer que há uma notável discriminação do ensino religioso em relação às demais disciplinas, que têm amparo legal e estão reguladas pela própria União quanto às exigências de curso superior de licenciatura para o efetivo exercício no magistério e pelas normas curriculares. Nesse aspecto, o ensino religioso e seus conteúdos curriculares acabaram sendo reféns de uma tríplice força: as igrejas, as entidades civis e as instâncias legislativas estaduais e municipais.

Acrescente-se que, atualmente, o acelerado processo de construção de conhecimento, as novas tecnologias e as leis de mercado exigem dos profissionais novas habilidades, e isso rebate no professor de ensino religioso.

Nessa perspectiva, é importante encontrar caminhos para que o ensino religioso possa fazer parte do conjunto de saberes, avançar nas discussões e estudos quanto à sua identidade e à definição de sua episteme, bem como com relação às necessidades de se implantar uma política específica dessa disciplina

Convém destacar que o ensino religioso, por ser mais que um saber sobre religiões, uma reflexão diversificada sobre a vida humana em todas as culturas, comporta educadores com formação específica para trabalhar os valores da religiosidade básica, de raiz, ou seja, anterior e subjacente, em toda pessoa humana, a qualquer temática e estrutura religiosa.

O ensino religioso leva a realizar, na construção da nação, uma educação responsável pela estruturação de valores, pela visão de pessoa e de sociedade, pelo uso dos bens públicos, pelo tipo de participação popular, pela construção do bem comum, enfim, pelo perfil de pessoas e de sociedade que queremos. E esse cenário toca diretamente a formação do professor de ensino religioso.

A FORMAÇÃO DO PROFESSOR DE ENSINO RELIGIOSO: UMA AUSÊNCIA E UMA EXIGÊNCIA

As expressivas transformações culturais, políticas, econômicas e sociais são rápidas em relação as tênues respostas do sistema educacional, dada a velocidade das mudanças. Neste aspecto, a formação do professor se apresenta distante do perfil requerido pelas novas conjunturas.

A formação do professor de ensino religioso repercute no cotidiano escolar, como uma ausência e uma exigência. Trata-se de uma formação que deve acontecer não apenas em fragmentos, mas continuada e permanentemente, mediante um plano coerente, com material de apoio adequado e amparo legal e constantemente reavaliada perante as mudanças sociais.

Tais preocupações não podem ficar alheias à revolução das ciências e dos meios de comunicação de massa que exigem formar profissionais capazes de superar preconceitos e fazer frente à complexidade social que se descortina. Frente a isso, é necessário que saibam lidar também com o pluralismo dos novos tempos, nos quais as religiões e seu estudo devem inserir-se pela ação pedagógica e ética.

Em consonância com a preocupação dos professores entrevistados, cujas afirmações ressaltam que a formação do professor precisa ser concebida como um *continuum*, ou seja, um processo de desenvolvimento ao longo do seu trabalho como profissional, deve-se entender essa formação como um voltar-se para a profissionalização, para um maior comprometimento com o próprio desenvolvimento e com os grupos de referência.

A epistemologia e formação do professor

A formação do professor constitui parte integrante de todas as reformas que estão se processando, tendo sempre como meta maior a busca de um aperfeiçoamento eficiente para o profissional em seu efetivo exercício.

É necessário discutir as condições reais que os sistemas de ensino têm nas diversas instâncias e também uma discussão de fundo epistemológico, sobre o objeto de estudo do ensino religioso que, além de fundamental para lançar luzes esclarecedoras, é imprescindível para aprofundar as reflexões a respeito desse problema.

O tratamento dado à disciplina como área de conhecimento requer uma formação específica e adequada do professor, pois

> Para melhorar a qualidade da educação é preciso, antes de mais nada, melhorar o recrutamento, a formação, o estatuto social e as condições de trabalho dos professores, pois estes só poderão responder ao que deles se espera se possuírem os conhecimentos, as competências, as qualidades pessoais, as possibilidades profissionais e as motivações requeridas. (DELORS, 2002, p. 153).

Nesse sentido, com vistas à profissionalização em que haja competência, Demo (2004, p. 13-23) destaca a importância da formação dos professores quando afirma que "o nosso maior atraso histórico não está na economia, mas na educação". Isso significa supor que a formação dos professores exige não só uma mudança curricular nos cursos de formação, como também uma verdadeira reforma universitária, de maneira que a carreira acadêmica conceda mais importância ao trabalho de investigação dos saberes profissionais e de sua atualização nos cursos de formação.

Entende-se que a escola, na medida em que eleva o nível de saberes, cria possibilidade de trabalhar os conhecimentos humanos sistematizados, produzidos e acumulados no decorrer da história, e de obter novos conhecimentos.

Nessa perspectiva, pode-se dizer que todo o conhecimento humano é sempre patrimônio da humanidade. O conhecimento religioso deve estar disponível a todos os que a ele queiram ter acesso. A temática formação docente constitui uma grande exigência do ponto de vista epistemológico, por tratar necessariamente de assuntos concernentes ao conhecimento que resulta do ensino-aprendizagem, quer do ponto de vista da sua construção, quer da produção de práticas pedagógicas.

As mudanças marcadas por uma complexidade de condições materiais e culturais influem na formação do profissional da área, na dimensão do conhecimento necessário, no aprender o jeito de superar as fragmentações de saberes insuficientes e parcelares. Elas requerem do professor a postura de ouvinte crítico, reflexivo, criativo, assumindo uma prática pedagógica que se solidifique na arte e no conhecimento efetivo e afetivo das várias expressões de fé.

As reformas educacionais e as implicações na formação do professor de ensino religioso

As reformas educacionais, nas últimas décadas, partem dos mesmos princípios que regem o sistema neoliberal: as mudanças econômicas impostas pela globalização, exigindo maior eficiência e produtividade dos trabalhadores a fim de se adaptarem mais eficientemente às exigências do mercado.

Essas reformas apresentam um objetivo que envolve a estrutura administrativa e pedagógica da escola, a formação dos professores, os conteúdos, os aportes teóricos, enfim, tudo o que possa estar relacionado com o processo de ensino-aprendizagem.

A introdução de novas técnicas provoca, no professor, distanciado das mudanças que se operam no tempo, um sentimento de desencanto. O sentimento de mal-estar está na origem da descrença e da recusa em relação às mudanças introduzidas em vista das urgentes reformas no ensino.

A educação necessita ser modificada pela adaptação docente e discente, acerca de diversos programas, aplicativos, ferramentas que passaram a ser utilizadas na educação. Na realidade, são necessárias práticas pedagógicas para a superação de desafios de aprendizagem no cenário atual.

Tendo presente estas inquietações, é imprescindível o estudo da influência das mudanças sociais sobre a função docente. Para isso, é preciso atuar simultaneamente em várias frentes: práticas de educação inclusiva, acúmulo de demandas burocráticas, formação contínua, material de apoio, responsabilidades, horário de trabalho, salário.

Fatores de pressão da mudança social sobre a formação docente

Há um processo histórico que provoca o aumento das exigências do professor em suas responsabilidades. Sua tarefa vai além do domínio cognitivo e também além do saber a matéria que leciona. A modernidade exige um pedagogo eficaz, um facilitador da aprendizagem, organizador de trabalho de grupo, com especial atenção para o aspecto afetivo e psicológico dos alunos. Todavia, a solução destas exigências parece um horizonte muito distante, pois as agências formadoras permanecem engolfadas em programas retrógrados, impedindo o trabalho atualizado e eficaz conforme as exigências atuais.

As conclusões simplistas por parte da sociedade e dos meios de comunicação social e, por vezes, até de governantes, que apontam os professores como responsáveis diretos pelas lacunas no ensino, provocam um desvio na valorização do profissional da educação, refletido nos baixos salários, situação que provoca desassossego.

O avanço das ciências e a transformação social requerem mudança profunda dos conteúdos curriculares, sobretudo os que se apresentam obsoletos, dando lugar aos que aparecem como imprescindíveis à sociedade do futuro. Isto pede um professor atualizado, reciclado e informado.

A massificação do ensino e o aumento das responsabilidades não se fizeram acompanhar de uma melhoria efetiva dos recursos materiais e das condições de trabalho em que se exerce a docência. Há uma generalizada falta de recursos para a renovação pedagógica, o que trava as práticas inovadoras.

Outro fator de pressão sobre a formação dos professores é a mudança na relação professor-aluno. Na atualidade, a interação professor-aluno mudou, tornando-se conflituosa. O professor sofre agressões verbais, físicas e psicológicas. Há necessidade de encontrar meios para tornar o ambiente escolar mais justo e participativo, de convivência e de disciplina.

Muitos profissionais cumprem, simultaneamente, um enorme leque de funções. Para além das aulas, devem desempenhar tarefas de administração, reservar tempo para programar, avaliar, reciclar-se, orientar os alunos e atender os pais, organizar as aulas em *lives*, assistir a seminários e reuniões de coordenação de disciplina, vigiar recreios e cantinas. As várias incumbências são pressões que o professor sofre no sistema de ensino, paradoxalmente, numa época dominada pela especialização.

A reavaliação da formação docente perante as mudanças sociais

Ao reavaliar a formação de ensino religioso é importante ter em mente um planejamento preventivo para rever os limites e incorporar novos modelos na formação inicial. Os problemas dos professores em início de carreira merecem uma atenção especial. Vários pensadores referem-se à ênfase dada à formação nos aspectos cognitivos e uma deficiente preparação no plano das relações e da organização.

Neste sentido, o curso de Ciências da Religião com habilitação em ensino religioso oferece a base epistemológica ao futuro profissional. A oferta dessa licenciatura contribui no sentido de permitir aos profissionais da área melhores condições para analisar o campo religioso em sua complexidade, a partir de um olhar interdisciplinar. O profissional de ensino religioso tem uma grande contribuição a dar, apresentando aos alunos questões que estão no cerne da vida, motivando-os para desenvolver a religiosidade presente em cada um, orientando-os para a descoberta de critérios éticos, para a ação dialógica e para o processo de aproximação e de relação com as diferentes expressões religiosas.

A incerteza epistemológica fragiliza o ensino religioso, no que concerne ao conhecimento. Estas duas questões, a laicidade e a fundamentação epistemológica, requerem um ajuste a ser feito no sentido de reavaliação do estudo da programação curricular do ensino religioso como área de conhecimento, com autonomia teórica e metodológica, capaz de subsidiar práticas de ensino de religião dentro das exigências da sociedade pluricultural.

Evidentemente, a formação docente tem relação com a ética que se apresenta como tema transversal. Queiroz (2006, p. 50), com base em Morin (2005, p. 21), afirma que "todo olhar sobre a ética deve perceber que o ato moral é um ato individual de religação; religação com o outro, com a comunidade, com uma sociedade e, no limite, religação com a espécie humana". Ele vai além, quando lembra o aspecto da solidariedade, que pertence à fonte individual da ética, impressa no princípio da inclusão que inscreve o indivíduo na comunidade.

Queiroz (2006, p. 51) volta a sua atenção para a modernidade ética, lembrando "os grandes deslocamentos que ocorreram no período republicano, com forte influência no ensino religioso até os nossos dias, quando a laicização retira da ética a força do imperativo religioso". Ele acredita que houve ganhos nesse processo de secularização, pois a era planetária, aberta aos tempos modernos, suscita, a partir do humanismo laico, uma ética comunitária em favor de todo o ser humano, seja qual for a sua identidade étnica, nacional, religiosa ou política.

A ênfase em unir a ética e o agir solidário tem consequências importantes para a formação do professor e, em especial, para a formação do docente de ensino religioso. O relatório da UNESCO lembra que a ética e a formação moral são ensinadas através de exemplos concretos. (DELORS, 2002, p. 62).

Nesse sentido, uma vez que o ensino religioso tem como fim a educação da alteridade, isso envolve o respeito à responsabilidade na formação do professor. Este precisa estabelecer vínculos indissolúveis entre solidariedade, complexidade e liberdade, aspectos fundamentais para educar. Por isso, a questão ética e seus aspectos políticos não podem ser negligenciados.

Segundo Lévinas (2004, p. 196-279), "a ideia de Ética nasce na visão do rosto do outro, que materializa a nossa abertura para a alteridade e a nossa responsabilidade face ao que é, ao mesmo tempo, igual e diferente de nós, ao que é da nossa espécie e, todavia, irredutível na sua singularidade".

A ética, no aspecto social e histórico, tem grande importância na medida em que a formação do professor de ensino religioso faz parte essencial da estrutura e funcionamento da sociedade, que carrega em sua tradição o *ethos* de um povo, seus anseios e valores.

Podemos dizer que o ensino religioso exige conhecimento do passado, para evitar erros já cometidos; exige lucidez em relação ao presente, para poder dar ao educando condições de entender a vida e saber vivê-la. Exige, também, abertura ao futuro, porque o futuro está começando agora mesmo (COLOMBO, 2015, p. 13).

Os saberes do professor em seu trabalho

A questão dos saberes dos professores de ensino religioso engloba conhecimento de diferentes teorias, metodologias, habilidades; composto por vários saberes, de diferentes origens, que engloba conhecimento, 'saber e saber fazer' e a questão das novas concepções sobre as práticas pedagógicas, que servem de base ao trabalho dos professores no ambiente escolar.

Esta pluridimensionalidade do saber do professor em seu trabalho é referendada por Tardif e Gauthier (1996, p. 11), para quem "o saber docente é um saber composto de vários saberes oriundos de fontes diferentes e produzidos em contextos institucionais e profissionais variados".

Isto significa supor que o saber do professor parece estar assentado em trocas constantes entre o que ele é (incluindo as emoções, o conhecimento, as expectativas, a história pessoal [...]) e o que faz. O ser e o agir, ou melhor, o que ele é e o que faz ao ensinar, não devem ser vistos como dois polos separados, mas como resultado dinâmico das próprias transações inseridas no processo do trabalho escolar.

Em um cenário cada vez mais digital, baseado em *home office*, distanciamento, crise econômica e novos modelos de relações profissionais e pessoais, quais são os saberes na construção dos conhecimentos, das competências e habilidades, para construir novas práticas educativas? Tal interrogação amplia a compreensão sobre os saberes do professor em seu trabalho.

Nesse sentido, vários estudiosos procuraram estabelecer laços que a ligam ao movimento de profissionalização do ensino, às recentes reformas escolares ou às transformações do saber que afetam nossas sociedades modernas avançadas ou pós-modernas. Os saberes de um professor são uma realidade social materializada através de uma formação, de programas, de práticas coletivas de disciplinas escolares, de uma pedagogia institucionalizada, e são também, ao mesmo tempo, saberes dele.

Esse saber do professor deve ser compreendido em íntima relação com o trabalho dele na escola e na sala de aula, isto é, com as situações, os condicionamentos e recursos ligados a esse trabalho. Significa dizer que as relações mediadas pelo trabalho fornecem princípios para enfrentar e solucionar situações cotidianas.

Essa ideia evoca duas funções conceituais: primeiro, visa relacionar organicamente o saber à pessoa do trabalhador, ao seu trabalho e àquilo que ele é e faz, mas também ao que fez, a fim de evitar desvios em direção a concepções que não levem em conta sua incorporação num processo de trabalho, no intuito de dar ênfase à socialização na profissão docente e na atividade de ensinar.

A segunda função indica que o saber do professor traz em si as marcas de seu trabalho, aponta que ele não é somente utilizado como meio de trabalho, mas é produzido e modelado pelo trabalho.

A diversidade do saber ou o pluralismo do saber docente implica conhecimentos e um saber-fazer pessoais, "curriculares", isto é, abrange os programas e os livros didáticos, apoia-se em conhecimentos disciplinares relativos às matérias ensinadas, confia em sua própria experiência e aponta certos elementos de sua formação profissional.

Em suma, o saber dos professores é plural, caracterizado pela heterogeneidade, porque envolve, no próprio exercício do trabalho, conhecimentos e um saber-fazer diversos, provenientes de fontes variadas, de humor diferente. Também é temporal, uma vez que é adquirido no contexto de uma história de vida e de uma carreira profissional. Dizer que o saber do professor é temporal significa dizer que ensinar supõe aprender a ensinar, ou seja, aprender a dominar progressivamente os saberes necessários à realização do trabalho docente.

Nesse aspecto, os saberes originários da experiência do trabalho cotidiano parecem constituir o alicerce da prática e da competência profissionais, pois essa experiência é, para o professor, a condição para a aquisição e a produção de seus próprios saberes profissionais.

Saviani (1996, p. 145) alerta para o fato de que:

> o educador é aquele que educa, o qual, consequentemente, precisa saber educar, precisa aprender, precisa ser formado, precisa ser educado para ser educador, precisa dominar os saberes implicados na ação de educar. Sob essa ótica, o autor afirma que se invertem os termos da questão: 'em lugar de os saberes determinarem a formação do educador, é a educação que determina os saberes que entram na formação do educador'.

Pode-se dizer ainda que os saberes e a formação de professores são posteriores aos saberes de que a humanidade dispõe, todavia, há necessidade de repensar a formação dos professores de ensino religioso para o exercício de sua profissão, levando em conta os saberes e as realidades específicas de seu trabalho cotidiano.

A ideia de levar em consideração os saberes dos professores permite renovar e mudar a concepção não só a respeito da formação docente, mas também de sua identidade, das suas contribuições e dos seus papéis profissionais.

A grande relevância dessa perspectiva reside no fato de os professores ocuparem, na escola, uma relação fundamental no conjunto dos agentes escolares, em seu trabalho cotidiano com os alunos. São eles os principais atores e mediadores da cultura e dos saberes escolares.

Entendemos que o saber do professor tem repercussão direta em sua identidade. Nesse contexto, ao focalizar a existência da pluralidade desses saberes no profissional do ensino religioso, fica evidente a necessidade de mudar os modelos tradicionais de formação para se ajustar às novas concepções de práticas pedagógicas e compreensão do mundo ou, melhor dizendo, ancorar as novas tendências em práticas mais modernas e flexíveis. Diante disso,

> O saber dos professores não é um conjunto de conteúdos cognitivos definidos de uma vez por todas, mas um processo em construção ao longo de uma carreira profissional na qual o professor aprende progressivamente a dominar seu ambiente de trabalho, ao mesmo tempo em que se insere nele e o interioriza por meio de regras de ação que se tornam parte integrante da sua consciência prática. (TARDIF, 2002, p. 36).

Frente a isso, aprender a ensinar é uma aprendizagem que se deve dar por meio de situações práticas que exijam uma prática reflexiva e que, para além de conceitos e procedimentos, sejam trabalhadas e consideradas também atitudes.

Concordamos com Freire (1996, p. 25) quando este diz que: "[...] ensinar não é só transferir conhecimentos". Frente a isso, a eficácia do ensino não se reduz a uma função de transmissão de conhecimentos já estabelecidos. Exige dos professores novas concepções, novos conhecimentos, novas formas de se compreender o mundo, em síntese, uma nova formação profissional. Esse aprimoramento de saberes desafia o processo educativo no âmbito do sistema de formação em vigor e questiona a sua prática em relação aos saberes que possui e transmite.

Esses pressupostos colocam em evidência a forma como os profissionais de ensino religioso reagem, dentro desse contexto, sobre o papel que desempenham e sobre as novas estratégias que é preciso adotar para responder às mudanças produzidas pela aceleração das transformações sociais no decurso das últimas décadas e que tiveram forte impacto, efeitos e reflexos sobre o ensino religioso.

A práxis pedagógica e a formação docente

A ênfase na prática pedagógica é um componente vinculado à formação do professor. A justificativa é a de que, à semelhança de outras profissões, o futuro professor precisa entrar em contato real com o meio em que atua, assumindo, desde o início, tarefas específicas de acompanhamento direto para melhor desempenhá-las. Podemos lembrar, também, que os cursos de formação têm sido muito teóricos e desvinculados do meio escolar.

Frente a isso, chamamos atenção para o trabalho interdisciplinar que permite mergulhar na intensa busca de uma práxis pedagógica que contemple o fim da fragmentação do conhecimento e possibilite um trabalho integrador. Como se vê, formar professores exige dos estabelecimentos que se propuserem a tal ação um olhar global acerca das práxis pedagógicas, pois estas precisam ir muito além do simples associar teorias a práticas.

Pode-se afirmar que a formação do professor é um requisito que ajuda a enfrentar o desafio de animar uma pedagogia da inclusão com respeito à pluralidade cultural religiosa e ao direito à cidadania.

Desta forma, a nova formação centrada na escola sem ser unicamente escolar desenvolve, na prática, um paradigma colaborativo entre seus pares, cultivando o diálogo, objetivando a redefinição de suas funções e papéis, a redefinição do sistema de ensino religioso e a construção continuada do projeto político-pedagógico da escola.

As novas tecnologias possibilitam novos espaços educacionais. Agora, além da escola, também o espaço da família, com aprendizado a longa distância. A cada dia, mais pessoas estudam fora do espaço sistemático. Podem, em casa, acessar o ciberespaço da formação e buscar em espaços alternativos as informações disponíveis nas redes de computadores interligados e os serviços que respondam às suas demandas por conhecimento.

A velocidade das mudanças econômicas, tecnológicas, culturais e do cotidiano traz implicações no desempenho do ensino religioso. O seu imbricar nas rápidas transformações provoca um agudo desconforto, quando o professor for incapaz de ler adequadamente os avanços e desafios e de fazer opções.

Parafraseando a *Crítica da Razão Pura*, de Kant, em educação, essa conjuntura paradoxal deveria tirar-nos do "sono dogmático da razão profissional", mantendo-nos alertas diante dos riscos e perigos que ela comporta "para a educação e formação". Nesse contexto em mutação, uma nova epistemologia da prática profissional na área do ensino religioso torna-se uma questão emergencial.

Se admitirmos que o movimento da formação do professor é, em grande parte, uma tentativa de renovar os fundamentos epistemológicos do ofício de professor, então devemos examinar, seriamente, a natureza destes fundamentos e extrair daí elementos que nos permitam enfrentar o estado de mal-estar do professor de ensino religioso mediante um processo reflexivo e crítico sobre as práticas formadoras.

Cabe a essa disciplina, como importante área educacional, fortalecer o conhecimento religioso, o relacionamento interpessoal e a religação do humano com o sagrado. Pode-se afirmar, então, que a sociedade globalizada e multicultural requer do ensino religioso uma nova forma de se pensar e entender a sua implementação no espaço escolar.

Rompendo a unidimensionalidade da sociedade tradicional, a modernidade possibilita a pluralidade religiosa, provocando o surgimento de cultos, mensagens, buscas, produções de cultura, experiências variadas, frequentemente potencializadas pelos meios de comunicação social, que são os novos púlpitos para a sua pregação.

A multiplicidade variada de religiões, tão antiga quanto a humanidade, constitui um fato que, em nossos dias, atinge concretamente a Igreja no Brasil. No passado, o catolicismo hegemônico, patrocinado pelo Estado, resistia à proliferação das outras religiões. Atualmente, a veloz multiplicação das manifestações do religioso provoca uma incômoda situação, que foi caracterizada como um grande supermercado de "bens religiosos".

Entende-se que a diversidade requer da escola que esta se torne um lugar de compreensão e de convivência da pluralidade e da alteridade. Vivemos em um mundo diversificado de ideias e práticas religiosas, onde cada uma delas se manifesta como detentora da liberdade de crenças e cada uma traz a sua leitura da "verdade".

Na transição da sociedade colonial à sociedade nacional, o Estado não rompeu com o passado, pois, na prática, foi e continua sendo um sistema que mais favorece os segmentos privilegiados, apenas atualizando e superando, pelas vias democráticas, a herança colonial, caracterizada pelo mandonismo e pela admissão explícita da dominação social.

A modernidade causou um impacto fortíssimo sobre a religião. Ligada a uma crise histórica e de estrutura, ela traz, como uma de suas características principais, pensar-se não mais miticamente, mas historicamente, reger-se não mais pelos parâmetros religiosos, mas por uma visão de mundo que não pretende conhecer absolutos, em que há espaços não para a eternidade, mas para a temporalidade. Gesta no homem moderno a ideia de progresso compreendido como caminhar, avançar, conquistar, dominar sempre mais o mundo, pondo-o a serviço da técnica e da ciência; a doutrina do progresso leva o homem a crer ser ele mesmo o próprio ser supremo, o detentor do poder, do ter e do saber.

A ideologia antropocêntrica leva o homem a isolar-se não apenas da natureza, mas dos outros seres humanos. Ele próprio se emancipa. Mas aí se escraviza, acorrentando-se ao mais terrível opressor, que é ele mesmo, agora reduzido apenas à sua dimensão "racional". Grandes teóricos da modernidade dizem ser esta uma época caracterizada por um processo de racionalização. Weber, por exemplo, busca suas raízes no Cristianismo.

Sem admitir concorrentes, a razão vai compartimentando o saber, o conhecimento e o viver do homem, despedaçando a visão de um mundo como uma unidade cósmica e integrada. Em seu lugar, aparece a visão segmentada, diferenciada em subsistemas, cada qual com sua lógica própria e fragmentada.

Caracterizada como pré-científica e pré-moderna, a religião foi ameaçada de ser varrida para a periferia da história. Na modernidade, desaparece sua centralidade e sua importância como chave de explicação da realidade. Este fenômeno complexo, multiforme e racional, provoca grande impacto sobre a vivência da religião.

Entretanto, depois de um período de dormência, como bem o expressa J. J. Queiroz, na pós-modernidade uma imensa constelação do sagrado explode em todos os recantos da terra. Entre as mudanças profundas e radicais ocorridas em relação a religião, na pós-modernidade, o pluralismo religioso aparece como um sintoma por ela gerado.

Esse pluralismo penetra o sistema escolar e constitui um grande desafio a exigir uma formação adequada do professor do ensino religioso para que este saiba lidar com esse fenômeno.

Lançando um olhar retrospectivo sobre o caminho percorrido, podemos afirmar que a pesquisa de campo, entre os vários tópicos de mal-estar do ensino religioso, foi realmente realista ao identificar no fundamento legal e na formação dos professores, dois temas nevrálgicos e merecedores de análise e aprofundamento.

Isso foi o que buscamos fazer neste capítulo. Portanto, se se pretende uma saída eficaz para a crise histórica que envolve o ensino religioso, é sobre essas duas teclas que se há de insistir e buscar a superação dos entraves que nossa análise fez despontar.

REFERÊNCIAS

ALBUQUERQUE, Manuel M de. *Pequena história da formação social Brasileira.* Rio de Janeiro: Edições Graal, 1981.

ALMEIDA, Cleide; PETRAGLIA, Isabel. (orgs.) *Estudos de Complexidade.* São Paulo:Xamã ,2006.

ALVES, Robson Medeiros. *A intuição e a mística no agir religioso.* São Paulo: Loyola,2003.

AMADOR, Cleber Pereira Amilton. *Ideologia e Legislação Educacional no Brasil.* Concórdia, SC Universidade do Contestado, 2002.

ANCHIETA, José de S.J. *Cartas ,Informações, Fragmentos Históricos e Sermões do Padre José de Anchieta.* (1554-1594). Notas: Antonio de Cantar Machado. Rio de Janeiro: Academia Brasileira de Letras. Civilização Brasileira. s.d.

ARBEX, Junior José; SENISE M. H. Valente. *Cinco séculos de BRASIL:* Imagens. & Visões. São Paulo: Moderna, 1998.

ARENDT, Hannah. *Entre o passado e o futuro.* São Paulo: Perspectiva, 1979.

ARRUDA, José J. A. de. *A história moderna contemporânea.* 11. ed. São Paulo: Ática, 1976.

ASSMAN, Hugo. Metáforas *novas para reencantar a educação:* epistemologia e didática. Piracicaba: UNIMEP,1996.

ASSMAN, Hugo; MO SUNG, Jung C*ompetência e sensibilidade religiosa:* Educar para a esperança. Petrópolis: Vozes, 2003.

AZERÊDO, Teresinha Rios. *Ética e competência.* São Paulo: Cortez, 2006.

AZEVEDO, Fernando. *A cultura brasileira.* Rio de Janeiro: UFRJ/UNB, 1996.

AZZI, Riolando. *A cristandade colonial:* um projeto autoritário. São Paulo: Edições Paulinas, 1987.

AZZI, Riolando. *A instituição eclesiástica durante a Primeira Época Colonial, em: História da Igreja no Brasil.* Petrópolis: Edições Paulinas/Vozes, 1983.

BALMES, Jaime. *A Igreja e a Escravidão no Brasil.* Trad. por José G. M. São Paulo: 1988.

BARBIER, René. *A pesquisa-ação.* Brasília: Editora Plano, 2002.

BARROS, Diana Luz Pessoa de. (Org.) *Os discursos do descobrimento:* 500 e Mais Anos de Discursos. São Paulo: FAPESP, 2000.

BAUMAN, Zygmunt. *Modernidade e ambivalência.* Rio de Janeiro: Jorge Zahar, 1999.

BAUMAN, Zygmunt. *O mal-estar da pós-modernidade.* Rio de Janeiro: Jorge Zahar, 1998.

BICUDO, Maria Aparecida Viggiani. *Formação de professores.* Bauru SP.: EDUSC, 2003.

BOBBIO, Norberto. *Teoria geral da política.* A filosofia política e as lições dos clássicos. Rio de Janeiro: Campus, 2000.

BORBA, Amândia Maria de. *Identidade em construção*: Investigando professores na prática escolar, São Paulo: EDUC; Santa Catarina: Univali, 2001.

BOSI, Alfredo. *Dialética da Colonização.* São Paulo: Companhia das Letras, 1994.

BRANDÃO, R. Carlos. *O que é educação.* São Paulo: Brasiliense, 1981.

BRANDÃO, Zaia. *A crise dos paradigmas e a educação.* São Paulo: Cortez, 2002.

BRASIL. Constituição da República dos Estados Unidos do Brasil, 1891. In: CAMPANHOLE, Adriano; LOBO, Hilton. 7. ed. São Paulo: Atlas, 1984.

BRASIL. *Constituição da República Federativa do Brasil.* Rio de Janeiro: Imprensa Oficial, 1934.

BRASIL. *Constituição da República Federativa do Brasil.* Rio de Janeiro: Imprensa Oficial, 1937.

BRASIL. *Constituição da República Federativa do Brasil.* Brasília: Imprensa Oficial, 1967.

BRASIL. *Constituição da República Federativa do Brasil.* Brasília: Imprensa Oficial, 1988.

BRASIL. *Coleção das Leis da República dos Estados Unidos do Brasil.* Atos do Poder Executivo. Vol.1, 1931, Rio de Janeiro, Imprensa Nacional, 1932.

BRITO, Ênio José da Costa. Operários de uma vinha estéril. Uma radiografia da crise das missões jesuítas no Brasil (Século XVI e século XVIII). *Espaços* (São Paulo), v. V.15, p. 73-84, 2007.

BRITO, Ênio José da Costa. Em busca de um diálogo possível. *REVER* (PUCSP), v.7, p. 1-4, 2007.

BRUNEAU, Thomas. *O Catolicismo Brasileiro em* Época *de Transição.* (trad.) Margarida Oliva. São Paulo: Loyola, 1974.

CÂNDIDO, Viviane Cristina. *O ensino religioso em suas fontes:* uma contribuição para a epistemologia do ensino religioso São Paulo: UNINOVE, 2004, Dissertação: Mestrado em Educação.

CAMPOS, Raymundo. *História do Brasil.* São Paulo: Atual, 1991.

CASTELAÑO, Amauri. *Presença da Igreja no Brasil.* Portugal: Presença, 1963.

CAPELATO, Maria Helena. *A Linguagem da experiência religiosa*: U*ma introdução à fenomenologia da religião.* São Paulo: Edições Paulinas, 2001.

CHAUÍ, Marilena. *Conformismo e resistência.* São Paulo: Brasiliense,1997.

CHAUÍ, Marilena. *Cultura e democracia: o discurso competente e outras falas.* 12. ed. São Paulo: Cortez Editora, 2007.

CNBB. *Educação, Igreja e Sociedade,* Documento n. 47, aprovado na 3ª Assembleia Geral, Itaicí, SP, em 8 de maio de 1992. São Paulo: Edições Paulinas, 1992.

CNBB. *Educação Religiosa nas escolas.* Estudos n. 14, 2. ed. São Paulo: Edições Paulinas, 1976.

CNBB. *O ensino religioso: nas Constituições do Brasil, nas legislações de ensino, nas orientações da Igreja.* Estudos n. 49. São Paulo: Edições Paulinas, 1987.

CNBB. *Evangelização e missão profética da Igreja*. Documento nº 80, aprovado na 43ª Assembleia Geral, Itaicí, em 17 de agosto de 2005, 2. ed. São Paulo: Edições Paulinas, 2005.

CORTESÃO, Luiza. *Ser professor:* um ofício em risco de extinção? São Paulo: Cortez, Instituto Paulo Freire, 2006.

COUTINHO Carlos Nelson; TEIXEIRA Andréia de Paula. (orgs.) *Ler Gramsci e entender a realidade.* Rio de Janeiro: Civilização Brasileira, 2003.

CURY, Roberto Jamil. O público e o privado na educação brasileira contemporânea: posições e tendências. *Caderno de pesquisa*. São Paulo: n. 81, p. 33-44, maio de 1992.

CURY, Roberto Jamil. Ensino Religioso e Escola pública: o curso histórico de uma polêmica entre Igreja e Estado no Brasil. *Educação em Revista*. Faculdade de Educação da UFMG, Belo Horizonte, Ano VIII, n. *17, p. 20-37,* junho de 1993.

CURY, Roberto Jamil. A educação como desafio na ordem jurídica. In: LOPES, E. M. T.; FARIA FILHO, L. M.; VEIGA, C. G. *500 anos de educação no Brasil.* 2. ed. Belo Horizonte: Autêntica, 2000.

DEL PRIORE, Mary; MURRAY, Lucy. *A mulher na história do Brasil.* São Paulo: Contexto, 1988.

DEL PRIORE, Mary. *Religião e religiosidade no Brasil Colonial.* São Paulo: Ática, 2004.

DEL PRIORE, Mary; VENÂNCIO, R. P. *O livro de Ouro da história do Brasil.* Rio de Janeiro: Ediouro, 2001.

DELORS, Jacques. *Educação um tesouro a descobrir.* Relatório para UNESCO.

DEMO, Pedro. *A Nova LDB:* Ranços e Avanços. 17. ed. Campinas São Paulo: Papirus, 2004.

DEMO, Pedro. *Éticas Multiculturais: sobre* convivência humana possível. Petrópolis: 2005.

ESTEVE, José M. *O mal-estar docente:* A sala de aula e a saúde do professor. Trad. Durley de Carvalho Cavichia. Bauru, São Paulo: EDUSC, 1999.

ESTEVE, José M. *Profesores en conflicto.* Madri: *Narcea, 1984.*

FARIA, Hamilton. *A cultura como desafio.* Porto Alegre: Editores e Consultores LTDA, 2001.

FÁVERO, Osmar; SEMERARO, Giovanni. (Org.) *Democracia e Construção do Público no Pensamento Educacional Brasileiro*. Petrópolis: Vozes, 2002.

FERREIRA, Sueli. *Pesquisa social*: teoria, método e criatividade. Petrópolis: Vozes,1994.

FERNANDES, Florestan. Antecedentes indígenas: Organização Social das Tribos Tupis In: Sergio Buarque de Holanda. (Org.) *História Geral da Civilização Brasileira.* São Paulo: DIFEL, vol. 1, 1960.

FONAPER PARÂMETROS CURRICULARES NACIONAIS. *Ensino Religioso*. São Paulo: Ave Maria, 1998.

FÓRUM NACIONAL PERMANENTE DO ENSINO RELIGIOSO. *Parâmetros Curriculares Nacionais.* 7. ed. São Paulo: Ave Maria, 2004.

FÓRUM NACIONAL PERMANENTE DO ENSINO RELIGIOSO. Ensino Religioso: capacitação para um novo milênio. Brasília, s/ed, 2000.

FRAGOSO, Hugo. A Igreja na formação do Estado liberal. In BEOZZO, José Oscar. (Org.) *História da Igreja* no Brasil, Tomo 2. Petrópolis: Vozes, 1980.

FRAGOSO, Hugo. A Era Missionária (1686-1759). In: Eduardo Hoornaert. (Org.) *História da Igreja na Amazônia.* CEHILA (Comissão de Estudos da Igreja na América Latina), Petrópolis: Vozes, 1992.

FRANCA, Leonel. *Ensino Religioso e Ensino Leigo.* Rio de Janeiro: Schmidt, 1931.

FREIRE, Paulo. *Esta escola chamada vida*. São Paulo: Ática, 1991.

FREIRE, Paulo. *Pedagogia da autonomia*: Saberes necessários à prática educativa. São Paulo: Paz e Terra, 1996.

FREYRE Gilberto. *Casa grande e senzala.* 2. ed. Rio de Janeiro: Schmidt Editor, 1936.

FREUD, Sigmund. *O mal-estar na civilização*. Rio de Janeiro: Imago, 1997.

GADOTTI, Moacir. *Escola vivida, escola projetada.* São Paulo: Papirus, 1992.

GADOTTI, Moacir. *Um legado de esperança*. São Paulo: Cortez, 2001.

GOMES, Romeu. A análise de dados em pesquisa qualitativa. In: Maria Cecília de Souza MINAYO (org.), *Pesquisa social*: teoria, método e criatividade. Petrópolis RJ. Vozes, 2016.

GORENDER, Jacob. *O escravismo colonial*. São Paulo: Ática, 1978.

GONÇALVES, Marlene F.C. *Educação escolar*: identidade e diversidade. Florianópolis: Insular, 2003.

GOULART, Maurício. *A escravidão africana no Brasil*: das origens à extinção do tráfico. 3. ed. São Paulo: Alfa-Ômega, 1975.

GRAMSCI, Antonio. *Os intelectuais e a organização da cultura*. 8. ed. Rio de Janeiro: Editora Civilização Brasileira, 1991.

GRAMSCI, Antonio. *Quaderni del Cácere*, 4 v. Itália: Einaudi Editore, 1975.

GRUEN, Wolfgang. *O ensino religioso na escola*. Petrópolis: Vozes, 1995.

GRUPPI, L. *O conceito de hegemonia em Gramsci*. Rio de Janeiro: Graal, 1978.

HAUBERT, Maxime. Índios *e jesuítas no tempo das missões*. Trad. Marina. Apenzeller São Paulo: Companhia das Letras, 1990.

HEERDT, Mauri Luiz. *Como educar hoje*? Reflexões e propostas para uma educação integral. São Paulo: Mundo e Missão, 2003.

HOLANDA, Sérgio Buarque de. *História geral da civilização brasileira*. São Paulo: Difel, 1972.

HOORNAERT, Eduardo. *Catolicismo Brasileiro. 1550/1800*. Petrópolis: Vozes, 1991.

HOORNAERT, Eduardo. *História geral da Igreja da América Latina*. Petrópolis: Vozes, 1997.

HORTA, J.S. Baía. *O ensino religioso escolar na Itália fascista e no Brasil:* (1930-1945). Belo Horizonte: Faculdade de Educação da UFMG, 1993.

HOUAISS, Antonio. *Dicionário Villar*. Rio de Janeiro: Objetiva, 2001.

HOUTAR, F. A *Igreja na Revolução da América Latina*. Trad. Jayme Leite de Godoy Camargo. São Paulo: Livraria Duas Cidades.1969.

HERYNIEWICZ, Severo. *Para Filosofar Hoje:* Introdução e História da Filosofia. 5. ed. Rio de Janeiro: Edição do Autor, 2001.

IMBERNON, Francisco. *Formação docente e profissional*: formar-se para a mudança e incerteza. São Paulo: Cortez, 2000.

JESUS, Antônio Tavares de. *O pensamento e a prática de Gramsci*. 2. ed. Campinas, SP. Autores Associados, 2005.

JOÃO PAULO II. Mensagem do Santo Padre aos Afro-americanos. In *Documento de Conclusão da IV. Conferência Geral do Episcopal Latino-Americano:* Santo Domingo CELAM. São Paulo: Loyola, 1992.

KOK, Maria da Gloria. *Os vivos e mortos da América portuguesa: da antropofagia à água do batismo*. Campinas São Paulo: Editora da Unicamp, 2001.

LAJOLO, Laurana. *Antônio Gramsci:* Uma vida. Trad. Carlos Nelson Coutinho. São Paulo: Brasiliense, 1982.

LARANJEIRA, Maria Inês. *Da arte de aprender ao ofício de ensinar:* Relato e reflexão de uma trajetória. São Paulo: EDUCS, 2000.

LEITE, Serafim. *História da Companhia de Jesus no Brasil*. Rio de Janeiro: Instituto Nacional do Livro. Lisboa: Portugália, 1945a.t.5.

LIBÂNIO, José Carlos. *Adeus professor, adeus professora*? Novas exigências educacionais e profissão docente. São Paulo: Cortez, 2004.

LIBÂNIO, João Batista. *A arte de formar-se*. São Paulo: Loyola, 2001.

LUSTOSA, Oscar de Figueiredo. *A presença da Igreja no Brasil*. São Paulo: Editora Giro, 1977.

LUSTOSA, Oscar de Figueiredo. *A Igreja Católica no Brasil República*. São Paulo: Edições Paulinas, 1991.

LUSTOSA, Oscar de Figueiredo. *A Igreja Católica no Brasil e o Regime Republicano*. Um aprendizado de liberdade. São Paulo: Loyola, 1990.

LUSTOSA, Oscar de Figueiredo. Separação da Igreja e do Estado no Brasil *(1890)*: uma passagem para a libertação. *Revista Eclesiástica Brasileira*. Petrópolis RJ: Vozes, v. XXXV, n. 139, p. 632-638, setembro de 1975.

LYOTARD, Jean-François. *O Pós-Moderno*. Tradução Ricardo Correia Barbosa. Rio de Janeiro: Livraria José Olímpio Edições S.A, 1993.

MAZZEO, Antonio Carlos. *Estado e burguesia no Brasil:* origem da autocracia burguesa. 2. ed. São Paulo: Cortez, 1997.

MATINEZ, A. El perfeccionamiento de la función didáctica como vía de disminución de tensiones en el docente. In: ESTEVE, J. M. *Professores en conflicto*. Madrid: Narcea, 1984.

MARTINS, José de Sousa. *O Cativeiro da Terra*. 3. ed. São Paulo: Editora Hucitec, 1986.

MESGRAVIS, Laima e Pinsky, Carla Bassanezi. *O Brasil que os europeus encontraram*. São Paulo: Contexto, 2000.

MOURA, Laercio Dias de. *A educação católica no Brasil:* Passado, presente e futuro. Brasília, DF: ANAMEC; São Paulo: Loyola, 2000.

NEUMANN, Laurício e DALPIAZ, Oswaldo. *Realidade brasileira:* visão humaizadora. Petrópolis, RJ: Vozes, 1985.

NEGRÃO, João José. *Para conhecer o Neoliberalismo*. São Paulo: Publisher Brasil, 1998.

NIDELCOFF, Maria Teresa. *A escola e a compreensão da realidade*. São Paulo: Brasiliense, 1987.

NÓBREGA, Manuel da. S. J. Diálogo sobre a conversão dos Gentios. In: *Cartas* dos *Primeiros Jesuítas do Brasil, Preliminares, anotações históricas, críticas de Serafim Leite,* S. J. São Paulo: 1954, Comissão IV Centenário da Cidade de São Paulo, vol.II.

NÓVOA, Antonio. Os professores e sua formação. In: NOVOA, (Org.) *Formação de professores e formação docente*. Lisboa: Dom Quixote Coleção Nova Enciclopéida, 39, 1991.

NÓVOA, Antonio. I Seminário Internacional sobre Avaliação e Currículo. Santos; São Paulo: 1-3 de janeiro de 1998. (Palestra apostilada)

Ó DEA, Thomas F. *Sociologia da Religião*. Trad. por Leite M. Dante. São Paulo: Livraria Pioneira, 1969.

OLIVEIRA, Pedro A. Ribeiro de. *Religião e dominação de classe:* gênese, estrutura e função do catolicismo romanizado no Brasil. Petrópolis: Vozes, 1985.

PAIVA J. M. Educação jesuítica no Brasil Colonial. In: LOPES, E. M. FARIA FILHO; L. M; VEIGA, C.G. *500 anos de educação no Brasil*. Belo Horizonte: Autêntica, 2003.

PALAZZOLO, Frei Jacinto de. *Nas selvas dos vales do Mucuri e do Rio Doce*. São Paulo: Companhia ed. Nacional, 1973.

PESCI, Rubén. *FLACAM: 10 propuestas para el III Fórum Social Mundial.* Boletim Especial. La Plata, Argentina: 2003.

PERONI, Vera M. *Política educacional e papel do Estado, no Brasil dos anos 1990.* São Paulo: Xamã, 2003.

PILETTI, Nelson. *História e vida:* Brasil da Pré-história à Independência. 4ª ed. São Paulo: Ática, v.1, 1999.

PORTELLE, Hugues. Gr*amsci e a questão religiosa.* São Paulo: Edições Paulinas, 1984.

PRADO JUNIOR, Caio. *Evolução política do Brasil.* São Paulo: Brasiliense, 1991.

PRIORI, Mary del. *Religião e Religiosidade Brasil Colonial 1994*. São Paulo: Editora Ática, 1994.

QUEIROZ, José J. Educar para a Solidariedade: Princípios e Rumos. In:

RUEDELL, Pedro. *Trajetória do Ensino Religioso no Brasil e no Rio Grande do Sul*: Legislação e Prática. Porto Alegre: Sulina, 2005.

RIBEIRO, Maria Luiza Santos. História das políticas educacionais: a questão das fontes, In.: LOMBARDI, José Claudinei. *História e historiografia da educação.* Campinas: Autores Associados: SBHF, 2000.

SANTA CATARINA. Secretaria de Estado da Educação e do Desporto. *Diretrizes 3*: organização da prática na educação básica: conceitos científicos essenciais, competências e habilidades. Florianópolis: SED, 2003.

SANTA CATARINA. Secretaria de Estado da Educação, Ciência e Tecnologia. *Proposta Curricular de Santa Catarina*: Estudos Temáticos. Florianópolis SC: IOESC, 2005.

SANTA CATARINA. Secretaria de Estado da Educação e do Desporto *Currículo do ensino religioso.* Florianópolis: SED, 2001.

SAVIANI, Demerval. *Da nova LDB ao Novo Plano Nacional de Educação*: Por uma outra política educacional. 5. ed. Campinas, São Paulo: Editora Autores Associados, 2004.

SEVERINO, Antônio Joaquim. *Metodologia do trabalho científico*. 22. ed. São Paulo: Cortez, 2002.

SEVERINO, Antônio Joaquim. *Educação, ideologia e contra ideologia:* Temas Básicos de Educação e Ensino. São Paulo: E.P.U, 1986.

SENA, Luzia (Org.). *Ensino Religioso e formação docente*: Ciências da Religião e ensino religioso em diálogo. São Paulo: Edições Paulinas, 2006.

SILVA, Tomaz Tadeu da. *Documento de identidade:* uma introdução às teorias do currículo. Belo Horizonte: Autêntica, 1999.

SILVA, Moacir da. *Formação do Professor centrada na escola*: uma introdução. São Paulo: EDUC, 2002.

SKIDMORE, Thomas E. *Uma História do Brasil*. Trad. Raul Fiker. São Paulo: Paz e Terra, 1998.

SOARES, Afonso Maria Ligório. Apresentação. In: PASSOS João Décio, *Ensino Religioso*: Construção de uma proposta. São Paulo: Edições Paulinas, 2007.

SODRÉ WERNECK, Nelson. *Formação histórica do Brasil*. Rio de Janeiro: Civilização Brasileira, 1976.

SODRÉ WERNECK, Nelson. *História da burguesia brasileira*. Rio de Janeiro: Civilização Brasileira,1976.

TARDIF, Maurice. *Saberes docentes e formação profissional*. Petrópolis: Vozes, 2002.

TARDIF, Maurice; GAUTHIER, Clermont. O saber profissional dos professores –fundamentos e epistemologia. In: Seminário de Pesquisa Sobre o Saber Docente, 1996, Fortaleza. *Anais*. Fortaleza: UFCE, 1996. (mimeo).

TEDESCO, Juan Carlos. *O novo pacto educativo*. São Paulo: Ática, 1998.

TRIVIÑOS, Augusto. *Introdução à pesquisa em ciências sociais:* a pesquisa qualitativa em educação. São Paulo: Atlas, 1987.

WILLEKE, Venâncio. *Missões Franciscanas no Brasil – 1500/1975*. Petrópolis: Vozes, 1976.